**Christoph Studer und
Benjamin Mgonzwa**

JAMBO AFRIKA

Lieder, Tänze und Spiele

FIDULA

JAMBO AFRIKA

Einige Worte vorab	4
Zum Umgang mit diesem Buch	5
Ngoma – afrikanisches Musik-Erleben	7

Lieder, Tänze und Spiele

	Seite	CD-Track
Salibonani! Guten Morgen! – *Begrüßungslied*	10	1
Alisema – *Großvater hat gesagt*	13	2
Ayelevi – *Erinnerung an einen großen Tänzer*	16	3
Ukala-Tanz – *Jagen ist Arbeit*	18	4
Simama kaa – *Bewegungskanon*	21	5
Chili go go go – *Rhythmisches Steinspiel*	23	6
Masithi Amen – *Kirchenlied aus Südafrika*	24	8
Jambo jambo – *Aufwärm- und Begrüßungslied*	26	9
Piki now – *Abzählspiel für Kinder*	27	10
Sisi ni watoto – *Wir sind die Kinder*	29	11
Sindimba-Tanz – *Wir Kinder in der Schule*	31	12
Nalukila mayo – *Erinnerung an die Mutter*	33	13
Selenge – *Stärkung durch Milch*	35	14
Mede me do kese – *Friedensgruß aus Ghana*	37	15
Mawindi – *Auftritt der Künstler*	41	17
Kuna mapera – *Ein tropischer Fruchtcocktail*	43	18
Palipó – *Lebhafter Tanz mit Stöcken*	45	19
Sponono – *Tanzlied aus Südafrika*	47	21
Bawalagila – *Die tote Antilope*	49	22
Mpaho – *Auf Wiedersehen*	51	23

Kleine Trommel- und Rhythmusschule

Aufwärmen und rhythmisches Einstimmen	54
Sitzhaltung	57
Spiele zum Drauflostrommeln	58
Spieltechniken auf der Trommel	62
Rhythmen zum Üben und Spielen	64
Tierkarten-Rhythmen	67
Rhythmen im ganzen Körper	71

Instrumentenkunde: Afrikanische Musikinstrumente

Daumenklaviere	75
Trommeln	75
Rasseln	77
Saiteninstrumente	78
Xylophone	79
Flöten	80
Glocken und Fußschellen	80
Holzschlaginstrumente	81

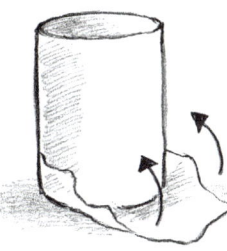

Praktisches für die Projektarbeit

Instrumentenbau-Aktion: Klanghölzer	83
Reiselied nach Afrika	84
Kochen wie in Afrika: Frittierte Kochbananen	86
Trommelbau-Aktion	87
Zum Vorlesen und Nachspielen: Afrikanische Märchen	92
Rhythmuskarten – Kopiervorlagen	96

Anhang

Zur Herkunft der Lieder und Tänze	103
Kontaktadressen	103

Register 104

Einige Worte vorab

Afrikanische Musik fasziniert meist sofort. Die Lieder und Rhythmen des „schwarzen Kontinents" sprechen uns direkt an. Sie berühren Körper und Seele gleichzeitig. Durch ihre rhythmische Raffinesse lösen die Lieder unwiderstehliche Bewegungsimpulse aus und fordern zum Tanzen und Mitmachen auf. Diese Faszination spricht besonders Kinder im Grundschulalter an. Im Umgang mit dem hier vorgestellten Material entwickeln sie erstaunliche Aktivität und Freude. Gleichzeitig werden ihre Konzentration und der Gemeinschaftssinn gefördert. Was liegt also näher, als Lieder, Tänze und rhythmische Spiele aus Afrika anschaulich zusammenzustellen, um sie für den Unterricht in der Grundschule nutzbar zu machen!

Von der fast unerschöpflichen Vielfalt an **Liedern, Tänzen und Spielen** Schwarzafrikas haben wir für dieses Buch solche ausgewählt, die sich für die Arbeit mit Kindern besonders eignen: Eingängige Melodien, leicht erlernbare afrikanische Texte und klare Strukturen erleichtern das Eintauchen in die fremde Lied- und Klangwelt. Zu den Liedern finden Sie Tanz- und Spielbeschreibungen, die Übersetzungen der Texte, rhythmische Begleitvorschläge sowie einige Worte zu Herkunft und Hintergrund des jeweiligen Stückes. Alle diese Lieder werden – und das ist einer der großen Vorteile afrikanischer Musikkultur für die Unterrichtspraxis – in Endlosschleifen immer wiederholt, also sozusagen „im Kreis gesungen". So finden alle irgendwann in das musikalische Geschehen hinein, und nach einigen Durchgängen spüren die Kinder, wie es anfängt zu „grooven" und sich eine Gemeinschaft stiftende Kraft entfaltet.

In der Mitte des Buches befindet sich die **„Kleine Trommel- und Rhythmusschule"**. Hier finden Sie Anregungen und Übungsformen, wie Sie – gemeinsam mit den Kindern – rhythmische Fähigkeiten in spielerischer Form auf- und ausbauen können. Dazu gehört natürlich auch der gekonnte Umgang mit Trommeln und anderen Rhythmusinstrumenten, die man in vielfältiger Weise für die Lieder, Spiele und Tänze nutzen kann.

Im Abschnitt **„Afrikanische Musikinstrumente"** sind Informationen über die wichtigsten Instrumentengruppen zusammengestellt, die in traditioneller afrikanischer Musik verwendet werden.
Dieses Kapitel erhebt keinen Anspruch auf Vollständigkeit, soll es Ihnen aber ermöglichen, einen ersten Einblick in die große Vielfalt an afrikanischen Musikinstrumenten zu gewinnen.

Da beide Autoren sich besonders gut in Ostafrika auskennen und Benjamin Mgonzwa aus Tansania stammt, ist ein Schwerpunkt der Lieder auf diese Region gelegt worden. Es finden sich aber auch Lieder aus Südafrika, aus Ghana, aus Simbabwe, aus Sambia und aus Zentralafrika in diesem Buch.

Die CD „Jambo Afrika" (siehe Umschlaginnenseite) ermöglicht, sich in die Lieder und Rhythmen hineinzuhören, eine Idee von der Aussprache der afrikanischen Texte zu bekommen und den Klang der verwendeten Musikinstrumente kennen zu lernen. Natürlich kann die CD auch dazu benutzt werden, zu den Liedern und Rhythmen direkt zu tanzen, zu spielen und zu singen.

Viel Vergnügen mit den „Liedern, Tänzen und Spielen" aus Afrika wünschen

Christoph Studer und Benjamin Mgonzwa

Zum Umgang mit diesem Buch

„Jambo Afrika" – „Wie geht es dir, Afrika?" Den Titel dieses Buches können Sie als Programm verstehen. Fragen Sie sich beim Hören, Singen, Tanzen und Spielen des hier zusammengestellten Materials ruhig öfter: „Wie mag es den Menschen wohl gehen, die diese Lieder singen und dazu tanzen. Was für eine Kultur, was für ein Lebensgefühl steckt dahinter?"

Die musikalische Antwort auf diese Frage fällt anders aus als das, was wir über Afrika in den Medien vermittelt bekommen: Statt Ausdruck einer hoffnungslosen Situation von Armut, Kriegen, Misswirtschaft und Hunger zu sein, steckt in den Liedern viel Fröhlichkeit, Lebensmut und belebende Kraft. Diesen Widerspruch kann niemand auflösen, aber über die Musik kann uns klar werden, dass Afrika kein „verlorener Kontinent" ist. Die Lieder und Tänze lassen uns teilhaben an einer großen Vitalität und Kreativität, an menschlicher Wärme und Weisheit sowie kultureller Vielfalt.

Kinder haben ein gutes Gespür für solche durch Musik vermittelten Zusammenhänge. Zudem sind sie im Grundschulalter noch sehr offen für andere Sprachen und Kulturen und treten ihnen in der Regel unvoreingenommen und interessiert entgegen. Machen Sie also reichlich und frohen Mutes Gebrauch von dem hier zusammengestellten Material! Sie werden zusammen mit Ihren Schülerinnen und Schülern eine neue und schöne Seite an Afrika entdecken.

Dazu noch einige praktische Tipps zum Umgang mit diesem Buch:

- Nehmen Sie sich zum Einstudieren für jedes Lied ausreichend Zeit. Nützlich kann es sein, sich zunächst mit Sprache und Aussprache des afrikanischen Textes zu beschäftigen und diesen den Kindern in einzelnen Schritten zu vermitteln. Die afrikanische Art des Lernens eines Liedes besteht dabei aus vielen Wiederholungen: Vorsingen und Nachsingen, so lange, bis die Musik und die dazugehörigen Bewegungen wirklich verinnerlicht sind.

- Zu fast allen Liedern gibt es Vorschläge für *Begleitrhythmen* bzw. Begleitstimmen. Trauen Sie sich aber ruhig, auch eigene Begleitideen zu kreieren. Denn: afrikanische Musik ist kreativitätsfördernd und lässt viel Raum für eigene Improvisationen und Interpretationen. Auch in Afrika entwickeln sich viele Lieder und Tänze ständig weiter bzw. sind von Region zu Region in unterschiedlichen Varianten bekannt.
  Die vorgelegten Begleitvorschläge orientieren sich an afrikanischen Originalen, sind aber auf die Möglichkeiten und Gegebenheiten in der praktischen Arbeit mit Grundschulkindern zugeschnitten, d.h. häufig etwas vereinfacht.

- Ähnlich wie mit den Begleitrhythmen verhält es sich mit den *Tänzen* und *Tanzbeschreibungen*. Auch hier ist ein kreativer Umgang mit dem vorgelegten Material ausdrücklich erwünscht. Keiner der beschriebenen Tänze ist so unantastbar, dass er unter keinen Umständen verändert oder erweitert werden dürfte. Probieren Sie es aber ruhig erst einmal mit den hier notierten Tanzvorschlägen, denn diese sind alle in der (Grundschul-) Praxis erfolgreich erprobt, halten sich gleichzeitig aber so weit wie möglich an die uns bekannten Originaltänze.

- Zu allen afrikanischen Liedtexten sind Übersetzungen notiert. Mit „*Deutscher Text*" werden diese Übersetzungen bezeichnet, wenn sie auch singbar sind, mit „*Übersetzung*", wenn es sich um eine nicht singbare Variante handelt.

- Um Ihnen eine möglichst leichte Aussprache der afrikanischen Texte zu ermöglichen, haben wir die meisten Liedtexte so notiert, dass die einzelnen Silben und Buchstaben quasi „deutsch" ausgesprochen werden können. Natürlich ist dies bei der großen Vielfalt an verwendeten Liedern und Sprachen nur bedingt möglich. Bei sehr großen Abweichungen von der deutschen „Aussprachelogik" sind deshalb bei den jeweiligen Liedern Anmerkungen zur Aussprache zu finden.

Am leichtesten fällt die Aussprache natürlich, wenn Sie sich die Texte auf der zum Buch erschienenen CD genau anhören.

Wie bei allen Liedern des Volksgutes, so ist es auch bei den in diesem Buch vorgestellten afrikanischen Liedern und Tänzen praktisch unmöglich, ihre genaue Herkunft und ihr Alter nachzuvollziehen. Die Lieder wandern von Mund zu Mund, werden von ihren Trägern auch mal leicht verändert und durch Reisen verbreitet. So tauchen sie häufig in verschiedenen Regionen in unterschiedlichen Varianten auf. Einige Texte und Bearbeitungen stammen von den Autoren, was an den entsprechenden Stellen vermerkt wurde.

Legende

häufig verwendete Abkürzungen
- re = rechts
- li = links

Trommeltechniken
- O = offener Schlag (auch Open oder Tom genannt)
- B = Bassschlag
- S = Slap
- BB = Doppelbass, mit beiden Händen gespielter Bass

Die Ausführungen der verschiedenen Trommeltechniken sind im Kapitel „Trommel- und Rhythmusschule" beschrieben.

Körperperkussion

	= Klatschen		= Schnipsen
	= Patscher auf die Oberschenkel (re Hand / li Hand)		= Stampfen (re Fuß / li Fuß / beide Füße)
	= Doppelpatscher auf die Oberschenkel		

Begleitinstrumente

Claves = Klanghölzer

Der Begriff „Claves" kommt aus dem Spanischen und bedeutet „Schlüssel". In der lateinamerikanischen Musik gelten die Rhythmen, die mit den Klanghölzern erzeugt werden, als Schlüsselrhythmen, weil sich an ihnen alle anderen Musiker orientieren. Klanghölzer sind vermutlich eines der ältesten Instrumente der Welt und auch in vielen Ländern Afrikas seit alters in Gebrauch.

Guiro = rhythmisches Reibinstrument

Auch dieses Instrument ist unter seinem lateinamerikanischen Namen bei uns bekannt geworden. Span. „Guiro" bedeutet „Gurke" und bezeichnet die rundlich bauchige Form der Kalebassen, auf denen viele Querrillen eingearbeitet sind, über die mit einem dünnen Holzstab gestrichen wird. Auch diesen Instrumententyp findet man in Afrika in vielen Variationen weit verbreitet vor.

Zu den weiteren vorgeschlagenen Begleitinstrumenten wie Xylophonen, Trommeln und Rasseln finden Sie im Kapitel „Instrumentenkunde: Afrikanische Musikinstrumente" (siehe S. 75) genauere Informationen.

Ngoma – afrikanisches Musik-Erleben

So vielfältig die musikalischen Stile und Ausdrucksformen auf dem afrikanischen Kontinent auch sein mögen: Es gibt doch – gerade im Vergleich zum europäischen Musikverständnis – einige Gemeinsamkeiten und Besonderheiten, die charakteristisch für das musikalische Geschehen in Afrika sind:

1. Traditionelle afrikanische Musik wird bis heute nicht aufgeschrieben und somit nicht nach Noten gespielt. Das bedeutet aber nicht, dass es keine Musik-Kompositionen gäbe. Die Kompositionen werden rein durch das Hören und das Erleben weitergegeben. Diese Form der mündlichen Tradierung von Musik bewirkt, dass sich die Musik von Generation zu Generation ständig verändert und weiterentwickelt. So werden z.B. neue musikalische Einflüsse eingebaut oder die Texte dem Zeitgeschehen angepasst. Traditionelle Musik bleibt also immer im Fluss und läuft nicht Gefahr, zu verstauben oder zu erstarren. Andererseits geht mit dem Tod eines erfahrenen afrikanischen Musikers sozusagen eine „lebende Bibliothek" verloren. Hier bleibt nur zu hoffen, dass der Musiker sein Wissen schon an die nachfolgenden Generationen weitergegeben hat.

2. Traditionell gibt es in Afrika keine Trennung zwischen (aktiven) Musikern und (passivem) Publikum. Jede Musik geht auf einen Anlass zurück und alle Menschen, die zu diesem Anlass gekommen sind – z.B. auf den Dorfplatz – sind Teil des musikalischen Ereignisses: Sie können durch Klatschen und Singen, durch Zurufe sowie ihren Tanz an dem musikalischen Ereignis teilhaben und es mitgestalten. Musik ist damit auch ein soziales Ereignis, und zwar kein „Event", das konsumiert wird, sondern etwas, zu dem jeder Einzelne etwas beisteuert und durch das er sich als ein Teil des Ganzen erlebt.

3. Musik, Bewegung, Rhythmus und Tanz sind eins. Sie gehören in der afrikanischen Musik unmittelbar zusammen, und zwischen ihnen finden direkte Wechselbeziehungen und gegenseitige Beeinflussungen statt: Spielt ein Musikerensemble z.B. zum Tanz, so beobachten und spüren die Musiker genau, wann die Tänzer wieder einen neuen Impuls, eine rhythmische Variante oder eine Steigerung der Intensität gebrauchen können. Ein Musiker gibt dann entsprechende Zeichen und der Charakter der Musik wird verändert. Andererseits können aber auch die Tänzer Akzente setzen, auf die die Musiker reagieren. Die Musik beeinflusst den Tanz und der Tanz beeinflusst die Musik. Beides ist ganz eng miteinander verwoben.

Diese umfassende Betrachtungsweise eines musikalischen Ereignisses wird sehr deutlich im Suaheli, der größten ostafrikanischen Sprache. Dort gibt es für die vier im Deutschen unterschiedliche Worte Tanz, Ereignis/Fest, Trommel und Rhythmus nur ein Wort: **ngoma.**

Tanz	=	ngoma
Trommel	=	ngoma
Ereignis	=	ngoma
Rhythmus	=	ngoma

Ngoma kann so als ein Konzept afrikanischen Musikerlebens verstanden werden, denn es spiegelt das ganzheitliche Wesen traditioneller afrikanischer Musik wider.

Natürlich gibt es in Afrika durch die modernen Medien heutzutage auch viele Musikformen, die einfach aus den Lautsprechern der Radios und Fernseher tönen. Für diese Musik gelten die vorgenannten Charakteristika nicht bzw. nur sehr eingeschränkt. Deshalb musste für sie im Suaheli ein neues Wort gefunden werden, für das man auf die europäischen Sprachen schaute: Medial transportierte Musik heißt im Suaheli „musici".

Tipp

Den Wechselbezug von Musik und Tanz, von Rhythmus und Bewegung können auch Grundschulkinder erleben und üben: Die Spielidee „Dirigent und Orchester" (S. 61) beinhaltet dieses Wechselspiel in seiner reinsten Form, und häufig verschwimmt dabei die Grenze, wer wen dirigiert: die Trommler den Tänzer oder der Tänzer die Trommler!

Lieder, Tänze und Spiele

Salibonani – Guten Morgen!

aus Simbabwe
(Shona-Volk)

Dieses Begrüßungslied aus Simbabwe lässt sich auf vielfältige Weise gestalten: als Tanz, mit rhythmischer oder harmonischer Begleitung und mit deutschem oder afrikanischem Text.
„Salibonani", das ist die Sprache der Shona und heißt „Guten Morgen". In der Shona-Kultur sind heutzutage Marimbagruppen sehr populär, bei denen mit vier, fünf oder sogar sechs unterschiedlich großen Xylophonen (= Marimbas) musiziert wird. Aus diesem Grund fügen wir auch einen Vorschlag für eine Xylophonbegleitung mit an.

Bewegungsbeschreibung

Bei der einfacheren Bewegungsform wird in der ersten Liedhälfte in ständigem Wechsel (in Vierteln) geschnipst und auf die Schenkel gepatscht. Es beginnt mit einem Schnipser nach rechts, d.h. der gesamte Oberkörper und beide Arme werden zum Schnipsen etwas nach rechts gedreht. Dann wird mit beiden Händen auf die Oberschenkel gepatscht (= Doppelpatscher) und der nächste Schnipser mit einer leichten Drehung nach links ausgeführt. Dann wieder der Doppelpatscher auf die Knie usw.

erste Liedzeile:

Mit Beginn der 2. Liedzeile („Sali, sali …") werden die Arme in einer öffnenden Geste wie eine aufgehende Sonne von unten nach oben bewegt, weit und rund gemacht und allmählich wieder nach unten bewegt. Diese gesamte Bewegung dauert sieben Viertel. Auf das achte Viertel – also genau in der Gesangspause – erfolgt wieder ein Doppelpatscher auf die Oberschenkel.

zweite Liedzeile:

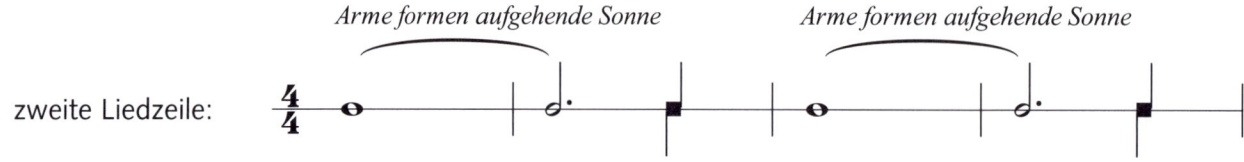

Xylophon- / Marimbabegleitung

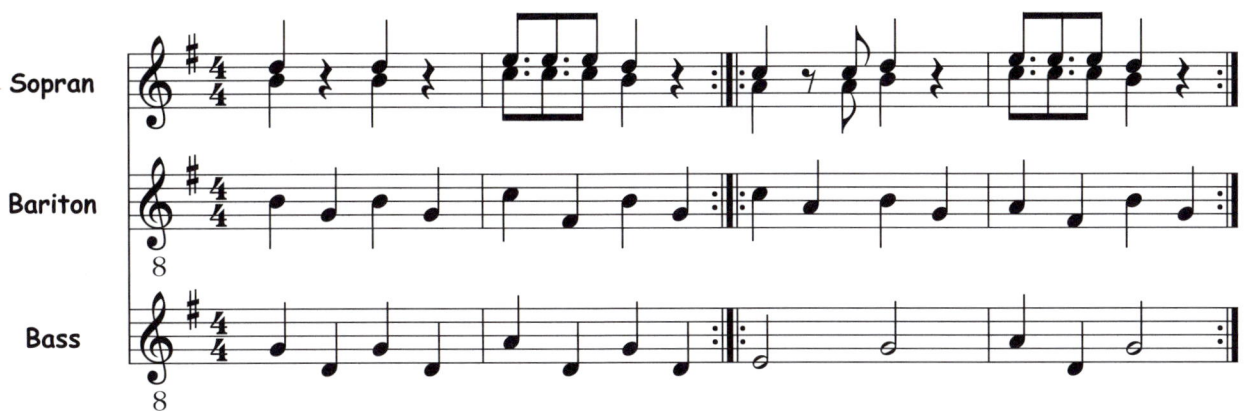

Rhythmische Begleitung mit Tanz und Instrumenten

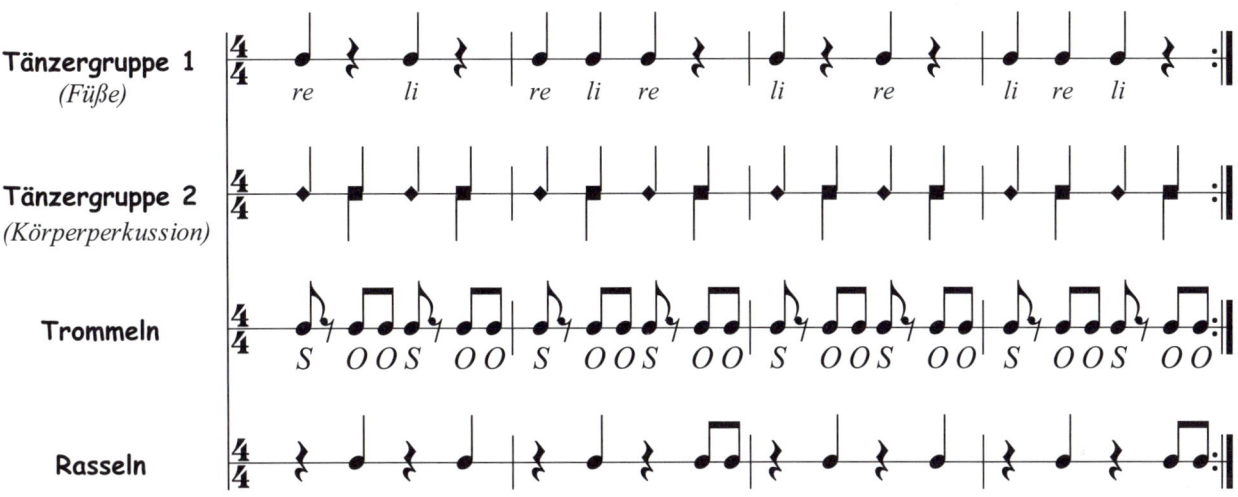

Trommeltechniken: O = offener Ton   S = Slap

Körperperkussion: ♦ = Schnipsen   ▬ = Doppelpatscher auf die Oberschenkel

Gestaltungstipps

- Die Tänzergruppe 1 geht in einer langen Schlange durch den Raum: Der rechte Fuß beginnt, in der anschließenden Pause macht das linke Bein einen leichten Kick nach hinten, bevor der linke Fuß mit einem Schritt nach vorne aufgesetzt wird (analog wird diese Bewegung mit dem rechten Bein ausgeführt). Achtung: nach 2 Takten beginnt nicht wieder der rechte, sondern der linke Fuß (!), so dass insgesamt ein ständiger und fließender Wechsel von Impulsen mit rechts und links entsteht.

- Die Tänzergruppe 2 bleibt fest an einem Ort und sorgt für die rhythmische Begleitung mit Körperinstrumenten; die Schnipser werden genau wie in der oben beschriebenen Grundbewegung mit leichten Drehungen zu beiden Seiten ausgeführt.

Deutscher Text

Christoph Studer

Mit diesem deutschen Text wird jeder in der Gruppe persönlich begrüßt und willkommen geheißen! Mit zweisilbigen Namen wie Dieter geht das ganz hervorragend. Auch dreisilbige Namen lassen sich leicht in die Melodie einfügen. Bei Namen mit einer oder vier Silben empfiehlt es sich vorher auszuprobieren, wie man diese am besten in den Verlauf des Liedes einfügt.

Alisema

Großvater hat gesagt

aus Tansania

(Melodie mit Text:)
A - li - se - ma, a - li - se - ma. A - li - se - ma ba - bu a - li - se - ma: Vi - ja - na wan - gu wo - te me - le - ge - a.
Sa - sa tu - an - ze m - cha - ka mcha - ka.

Zwischenteil

m - cha - ka mcha - ka m - cha - ka mcha - ka sa - sa tu - an - ze m - cha - ka mcha - ka m - cha - ka mcha - ka m - cha - ka mcha - ka
sa - sa tu - an - ze m - cha - ka mcha - ka

Wichtig: Die unterstrichenen Teile des Liedtextes werden von einem Vorsänger gesungen, die nicht unterstrichenen Teile von allen!

Aussprache

„s" immer scharf wie das deutsche „ß"
„z" wie ein weiches „s"
„ch" immer als „tsch"

Übersetzung

Er hat es gesagt, er hat es gesagt. Unser Großvater hat es gesagt:
Die Jugend von heute ist ein schlapper Haufen,
und deshalb heißt es für uns jetzt: laufen, laufen!

einzelne Wortbedeutungen des Suaheli-Textes:
- babu = Großvater
- vijana = Jugend
- mchaka = laufen, rennen

Der Text dieses Kinderliedes ist schon amüsant: Da behauptet der Großvater – in Afrika immerhin eine große Autorität innerhalb der Familie – die Jugend sei schlapp und faul! Das können die Kinder natürlich nicht auf sich sitzen lassen, und sie beweisen dem Großvater durch schnelles Laufen das Gegenteil.

Tanzbeschreibung

Diese Lied macht besonders viel Spaß, wenn man es in zwei sich gegenläufig bewegenden Tanzkreisen gestaltet. Der äußere Kreis beginnt im Uhrzeigersinn, der innere Kreis in der anderen Richtung.

1. Während der ersten Textzeile des Vorsängers („Alisema, alisema" = 2 Takte) schauen sich jeweils zwei Kinder des Außen- und Innenkreises streng in die Augen und erheben zunächst den rechten, dann den linken Zeigefinger.
2. Bei „Alisema babu alisema" laufen alle Kinder im Takt der Musik in ihrer Laufrichtung los (ebenfalls 2 Takte).
3. Bei „vijana wangu wote" werden alle ganz langsam und humpeln fast auf der Stelle daher (2 Takte).
4. Die letzten beiden Takte (= „sasa tuanze mchaka mchaka") laufen wieder alle aufgerichtet und forsch im Kreis, diesmal aber alle in die jeweils andere Richtung.

Als Variation kann man sich bei den Wiederholungen des Liedes unterschiedliche Bewegungsarten ausdenken z.B.: hüpfen, rückwärts gehen, joggen, mit Schwimmbewegungen usw.
Im Zwischenteil („mchaka mchaka ...") hüpfen alle Tänzer im Wechsel 4-mal auf dem rechten und 4-mal auf dem linken Bein, bis wieder der Hauptablauf des Liedes beginnt.

Hintergrundinformation: Die Alten in Afrika

In Afrika sind alte Menschen sehr angesehen. Je älter ein Mensch ist, desto mehr Respekt wird ihm entgegengebracht und desto mehr Rechte genießt er innerhalb der Gesellschaft. Dies spiegelt sich in vielen afrikanischen Ländern schon in den Sprachen wider, in denen es zahlreiche spezielle und ehrerbietige Grußformeln für ältere und alte Menschen gibt. In den Dörfern hat jeder Erwachsene das Recht, Kinder zurechtzuweisen und zu tadeln und zwar nicht nur seine eigenen, sondern alle, die deutlich jünger sind als er selber. Bei Streitigkeiten ist die letzte Instanz der Rat der Dorfältesten, denen traditionell aufgrund ihrer Lebenserfahrung die weisesten Entscheidungen zugetraut werden. Auch in den Familien sind die Großeltern als Bewahrer der Tradition anerkannt, die gleichzeitig durch das abendliche Erzählen von Geschichten wichtiges Wissen über Herkunft, Geschichte, Religion sowie Regeln des Zusammenlebens des jeweiligen Stammes weitergeben.

Aber die hervorgehobene Stellung der Alten ist nicht unumstritten und mancherorts auch schon deutlich im Umbruch begriffen. Viele junge Menschen fühlen sich durch gute Ausbildung, Studium, Auslandsaufenthalte etc. den Alten mindestens ebenbürtig und sind nicht mehr ohne weiteres bereit, sich in das traditionelle Gefüge ohne Murren einzuordnen.

Reist man jedoch als Europäer durch Afrika, so wird einem ohne Zweifel ins Auge fallen, dass alte Menschen eine wichtige Rolle spielen und stark respektiert werden. Umgekehrt sind Afrikaner, die nach Europa reisen häufig geradezu entsetzt, wenn sie feststellen, dass alte Menschen bei uns abseits ihrer Familien in Altenheimen leben, in denen sich kaum noch jemand ernstlich für sie zu interessieren scheint.

Ayelevi

Erinnerung an einen großen Tänzer

aus Ghana

Wechselgesangprinzip:
Die erste Zeile wird von einem Vorsänger / einer Vorsänger-Gruppe gesungen.

Übersetzung

Ayelevi, möge deine Seele weiterhin fröhlich tanzen,
ja – möge sie tanzen, du Sohn des Ayele.

Tanzbeschreibung

Dieser Tanz stellt schon einige Ansprüche an uns, da auf zwei Ebenen (Füße, Hände) unterschiedliche Bewegungen koordiniert werden müssen. Am besten übt man eine Weile nur die Bewegung der Füße, dann nur die der Hände, bis man in einem dritten Schritt beide Teile zusammensetzt (siehe Zeichnung auf der nächsten Seite).

Ausgangsstellung:	im großen Kreis, so dass alle Tänzer sich mit gestreckten Armen fassen können; die Füße stehen geschlossen; Blickrichtung in Kreismitte
Füße:	jeweils auf dem Taktschwerpunkt setzen die Füße weiter 1. re Fuß einen Schritt nach rechts 2. li Fuß schließt auf durchgehend während des gesamten Tanzes
Hände:	Takt 1 — re Hand schlägt 2-mal nach unten auf die geöffnete li Hand des rechten Nachbarn (am Ende: Handflächen drehen!) Takt 2 — li Hand schlägt 2-mal auf die geöffnete re Hand des linken Nachbarn Takt 3 + 4 — Wdh. des Ablaufes von Takt 1 + 2 Takt 5 – 8 — in der zweiten Zeile des Liedes wechseln die Hände: in Halben jeweils 2-mal patschen und klatschen immer im Wechsel

Rhythmische Begleitung

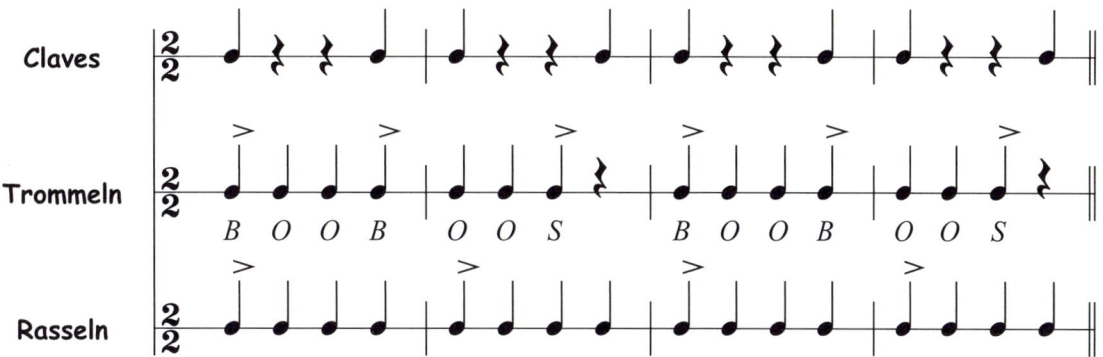

Anmerkung: Auf der CD ist dieses Lied mit einer zweiten Strophe von Benjamnin Mgonzwa zu hören, die in Suaheli gesungen wird, und zwar „Watoto wa dunia muimbe mcheze, ah – muimbe mcheze" (Übersetzung: Alle Kinder auf der Welt tanzen und spielen gerne, ja – sie tanzen und spielen gerne).

Ukala-Tanz

Jagen ist Arbeit

aus Tansania
(Wazigua-Volk)

Nau - ka - la   eeh   nau - ka - la   ndi - ma!

1. Mbi - lim - bi - li   ki - dye   nya - ma,   nau - ka - la   ndi - ma. 2. U -
2. si - si - o - ne   si   ka - dja,   nau - ka - la   ndi - ma.

Aussprache

„kidye"   als   „kidjä"
„kadya"   als   „kadscha"

Dieses Lied aus der Tanga-Region in Tansania wurde früher gesungen, bevor die Männer zur Jagd zogen. Es sollte den Jägern vor Augen führen, dass die Gemeinschaft den Wert ihrer schweren Arbeit zu schätzen weiß, denn immer wieder heißt es: „Jagen" (= ukala) ist „Arbeit" (= ndima) und „Seid euch beim Essen bewusst: Jagen ist harte Arbeit".

Tanzbeschreibung

In zwei parallel aufgestellten Tanzreihen ziehen alle Jäger in einem gemeinsamen Schritt los:

1. Teil des Liedes:	„naukala eeh"	3 Schritte erhobenen Hauptes gehen
	„naukala ndima"	3 Schritte in geduckter Jagdhaltung
2. Teil:	„mbilimbili kidye nyama"	Tanzreihe 1 dreht sich nach re, Tanzreihe 2 nach li um die eigene Achse, bis man sich paarweise gegenübersteht
	„naukala ndima"	3-mal beidhändig jeweils mit dem Gegenüber abklatschen

Bei der Wiederholung des 2. Teils (= „Usisione si kadja") drehen sich alle Tänzer in die jeweils andere Richtung, bis sie sich wieder gegenüberstehen und abklatschen können (vgl. nebenstehende Zeichnungen).

 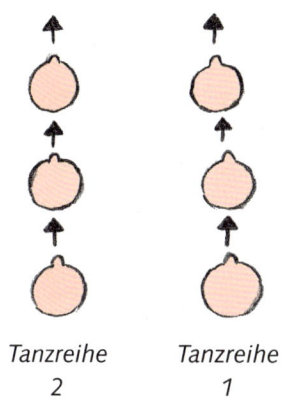

Tanzreihe 2   Tanzreihe 1

 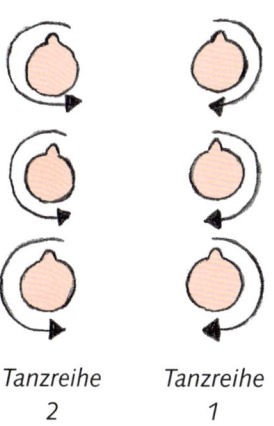

Tanzreihe 2   Tanzreihe 1

 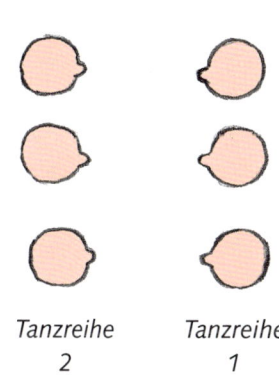

Tanzreihe 2   Tanzreihe 1

Christoph Studer · Benjamin Mgonzwa   JAMBO AFRIKA   © FIDULA

In der original afrikanischen Grundschrittfolge tanzen Männer und Frauen auf unterschiedliche Art und Weise:

1. Grundschritt für Jungen/Männer

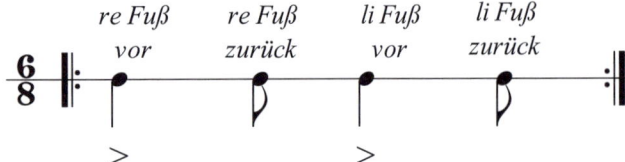

Der rechte Fuß wird mit einem Akzent nach vorne gesetzt, jedoch ohne das Körpergewicht nach vorne zu verlagern, da er als nächstes wieder zurückgenommen und ca. 5–10 cm vor der Ausgangsstellung aufgesetzt wird. Sofort im Anschluss führt der linke Fuß die gleiche Bewegung aus. Im Ergebnis bewegt sich die ganze Tanzreihe langsam und tänzerisch voran.

2. Grundschritt für Mädchen/Frauen

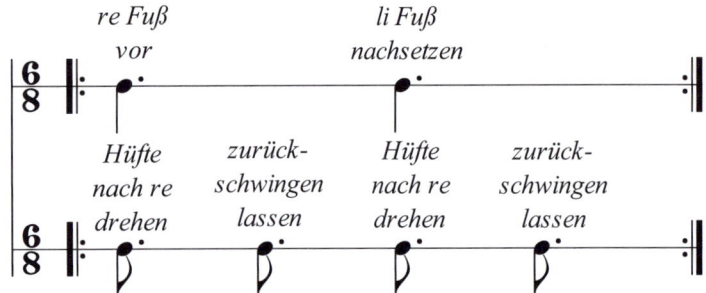

Die Schrittfolge der Mädchen besteht immer nur aus dem Wechsel von re und li Fuß: Der rechte Fuß setzt mit einem Akzent ein kleines Stück nach vorne, der linke Fuß setzt jeweils nach. Dabei drehen die Mädchen aber permanent ihre Hüften hin und her. Gleichzeitig halten sie die Arme so, als würden sie einen großen Korb auf ihren Köpfen balancieren. Oberkörper und Kopf bleiben bei diesem Tanzschritt unbewegt, allein die Hüften führen deutliche Drehbewegungen aus (diese beginnen mit einer Drehbewegung nach rechts – zurückschwingen lassen – mit Nachsetzen des linken Fußes wieder eine Drehbewegung nach rechts – zurückschwingen lassen).

Rhythmische Begleitung

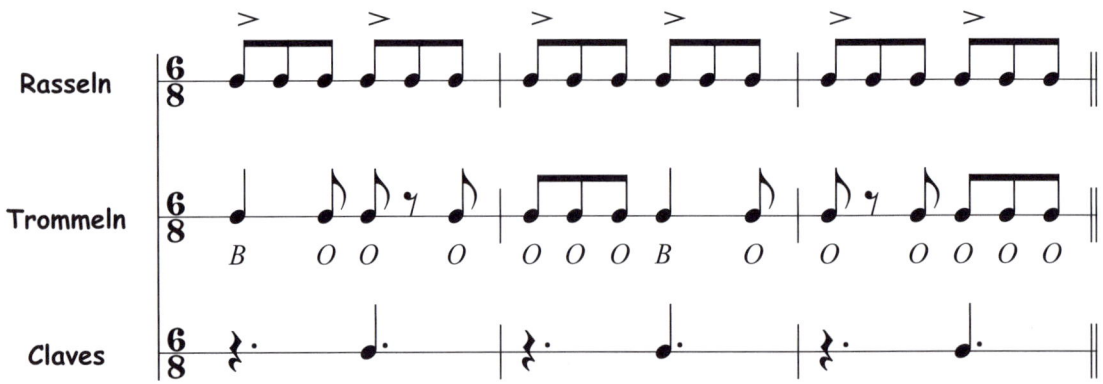

Deutscher Text

Mit deutschem Liedtext gesungen, geht zwar der schöne Klang der afrikanischen Silben verloren, dafür können Sänger und Zuhörer aber den Sinn des Liedes leichter erfassen. So kann es z.B. reizvoll sein, deutschen und afrikanischen Text im Wechsel zu singen.

    Teil 1: „Jagen ist Arbeit – Arbeit macht die Jagd!"   (2-mal)

    Teil 2: „Denkt doch beim Essen daran – Arbeit macht die Jagd."   (2-mal)

Da jede Liedzeile zweimal gesungen wird, bietet sich auch bei diesem Lied eine Wechselgesangsstruktur an, also z.B.:

    Mädchen singen vor – Jungen wiederholen die Zeile;
    oder:
    einer singt vor – alle wiederholen die Zeile.

Simama kaa

Bewegungskanon

aus Tansania

Übersetzung

    simama = steh auf
    kaa = setzen, in die Hocke gehen
    ruka = hüpfen
    tembea = gehen, spazierengehen

Bewegungsbeschreibung

Dieses fröhliche Bewegungslied wird in Tansania schon in den Kindergärten gesungen.
Die Bewegungen entsprechen den Wortbedeutungen. Dabei sind viele Variationen möglich:

1. im Stehen
Am besten als Kreistanz gestaltet, folgende Bewegungen ausführen:

- bei „simama" kerzengerade hinstellen und beide Arme nach oben strecken
- bei „kaa" heruntergehen in die Hocke
- bei „ruka" auf der Stelle hüpfen
- bei „tembea" auf der Stelle (Variation: im Kreis oder kreuz und quer durcheinander) gehen

2. im Sitzen
Als Sitztanz auf Stühlen gestaltet, übernehmen die Schultern alle Bewegungsparts:

- bei „simama" die Schultern weit hochziehen
- bei „kaa" die Schultern hängen lassen
- bei „ruka" mit den Schultern hüpfen
- bei „tembea" re und li Schulter im Wechsel wiegen

3. im Liegen
Auf dem Rücken liegend, können die Arme tanzen:

- bei „simama" beide Arme nach oben strecken
- bei „kaa" die Arme auf dem Brustkorb ablegen
- bei „ruka" hüpfen die Arme hoch und runter
- bei „tembea" gehen die Arme spazieren

4. mit Fingern

Zeige- und Mittelfinger stellen sich wie eine Person auf und führen die entsprechenden Bewegungen aus.

„Simama kaa" als Kanon

Das Lied kann auch als Kanon in zwei Gruppen gesungen werden. Dadurch ergeben sich eine schöne Mehrstimmigkeit und beachtliches Bewegungsdurcheinander. Für die Kanonform empfiehlt es sich aber, jeden Liedteil nur einmal zu singen und nicht – wie oben notiert – beide Liedteile zu wiederholen.

Chili go go go

Rhythmisches Steinspiel aus Sambia

aus Sambia
Melodie: Christoph Studer

Sprechvers

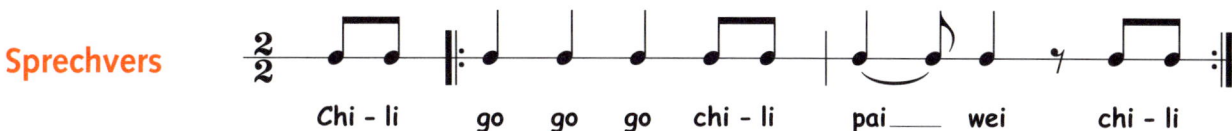

Liedform

Bei dem Text handelt es sich um ein Spiel mit unterschiedlich klingenden Silben, die keinen Bedeutungsgehalt besitzen.

Aussprache

„ch"   als   „tsch"
„pai"   mit   kaum hörbarem „i"
„wei"   –   „e" und „i" werden einzeln artikuliert und nicht wie im Deutschen zu
               „ei" zusammen gezogen

Dieses rhythmische Weitergabespiel mit Steinen kommt aus Sambia und wird knieend im Kreis gespielt. Jeder bekommt einen walnussgroßen Stein, der mit beiden Händen bei den Sprechsilben „go go go" drei Mal auf den Boden geklopft wird. Während der Sprechsilben „pai wei" wird der Stein mit der rechten Hand in die geöffnete linke Hand des (rechten) Nachbarn gelegt. So fließen alle Steine gleichmäßig gegen den Uhrzeigersinn!

Tipps zum Einüben

- zunächst nur den Sprechvers üben
- die Bewegungen dazunehmen, aber noch ohne Steine
- Bewegungen, diesmal mit Steinen, aber zunächst schön langsam (bei der Weitergabe der Steine jeweils auf die geöffnete Hand des Nachbarn gucken und den Stein dort hineinlegen: so muss man nicht auf zwei Sachen gleichzeitig – Geben und Nehmen – achten)

Auf der CD ist der Sprechvers in einer gesungenen Variante aufgenommen (siehe Liedform). Auch hierzu kann die gleiche Spielform umgesetzt werden. Zudem inspiriert die Melodie dazu, mit einzelnen Worten und Silben des Stückes rhythmisch-melodisch zu experimentieren. So kann – ähnlich wie bei einem Rap – ein reizvolles Gemisch übereinander gesungener Wortfragmente kreiert werden.

Track 8 — **Masithi Amen**

Kirchenlied

aus Südafrika

Der Ruf „Masithi" wird jeweils nur von einem Vorsänger / einer Vorsängergruppe gesungen!

Aussprache

„s" immer scharf wie das deutsche „ß"

Deutscher Text (Christoph Studer)

Singt Amen – Amen, wir preisen Gott den Herrn!
Singt Amen – Amen, wir preisen Gott den Herrn!
Singt Amen – Amen bawo, Amen bawo, Amen, wir preisen Gott den Herrn.

(Die Bedeutung des Wortes „bawo" ist uns in Ermangelung brauchbarer Quellen leider nicht bekannt.)

In diesem südafrikanischen Kirchenlied steckt viel Schwung und Lebensfreude. Dementsprechend sollte man es auf jeden Fall mit Bewegung und rhythmischer Begleitung einstudieren. Das Lied wird fortwährend wiederholt, so dass man immer tiefer darin eintauchen kann. Lautstärkevariationen und gelegentliche Wechsel zum deutschen Liedtext machen den Ablauf interessant.

Rhythmische Begleitung

Bewegungsgestaltung mit Körperperkussion

Die *Vorsängergruppe* hebt jeweils bei „Masithi" einen Arm mit ausgestrecktem Zeigefinger nach oben. Alle Sänger federn jeweils auf dem Taktschwerpunkt ihres Gesanges leicht in die Knie und klatschen oder schnipsen auf jedem 3. Viertel eines Taktes (also federn und klatschen / schnipsen genau im Wechsel).

Jambo jambo

Aufwärm- und Begrüßungslied

aus Tansania

2. Twende kwetu, kwetu – kwetu, kwetu
3. Tukacheze ngoma – ngoma, ngoma
4. Ngoma ya kikwetu – kikwetu, kikwetu
5. Wanacheza hivi – hivi, hivi
6. Tingisha mabega – mabega, mabega
7. Tingisha kiuno – kiuno, kiuno
8. Tingisha mikono – mikono, mikono
9. Tingisha matako – matako, matako

Deutscher Text (1. Strophe)

Guten Morgen, Kinder – Kinder, Kinder

einzelne Wortbedeutungen des Suaheli-Textes:

hivi	=	so	ngoma	=	Tanz
jambo	=	wie geht's	tingisha	=	bewegt / schüttelt
kiuno	=	Hüften	tukacheze	=	lasst uns tanzen
kwetu/kikwetu	=	zu uns / zu uns gehörig	twende	=	lasst uns gehen
mabega	=	Schultern	anacheza	=	wir tanzen
matako	=	Po	watoto	=	Kinder
mikono	=	Finger	wote	=	alle

Dieses Lied eignet sich hervorragend, um sich tanzend aufzuwärmen und nacheinander den gesamten Körper zu bewegen und aufzulockern. Im Liedtext auf Suaheli werden zunächst alle Kinder begrüßt; dann wird davon gesprochen, dass ein Tanz erlernt wird, „der zu uns gehört" (im afrikanischen Sinne: „der zu unserem Stamm gehört!"). Dabei macht der Vortänzer jeweils bestimmte Tanzbewegungen vor, die bei jeder Wiederholung einer Liedzeile von allen nachgemacht werden. So wird der ganze Körper einmal bewegt und geschüttelt: Schultern, Hüfte, Po, Finger usw.

Bewegungsbeschreibung

- Aufstellung im Kreis
- Ein Vortänzer denkt sich zu jeder (Vorsänger-) Liedzeile eine Bewegung aus – alle ahmen ihn bei der Wiederholung der Liedzeile nach.
- Der Vortänzer kann zunächst der Leiter bzw. die Leiterin sein, später erfindet auch jedes Kind eine Bewegung.

Piki now

Abzählspiel für Kinder

aus Sambia

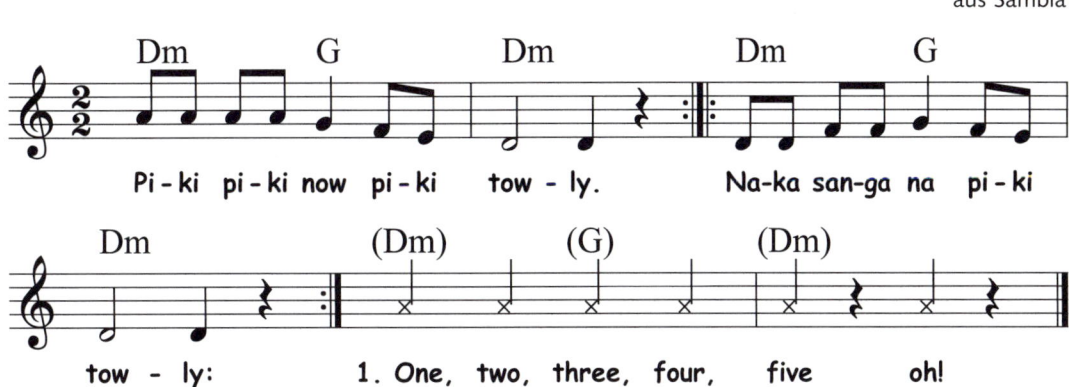

Aussprache

„now" wie im Englischen, also als „nau"
„towly" mit offenem „o" als „toli"

Zählen in anderen Sprachen:

2. uno, dos, tres, cuatro, cinco – oh!   (spanisch)
3. moja, mbili, tatu, nne, tano – oh!   (suaheli)
4. eins, zwei, drei, vier, fünf – oh!   (deutsch)
5. un, deux, trois, quatre, cinq – oh!   (französisch)
6. jeden, dva, tri, styri, pät' – oh!   (slowakisch)
7. eene, twee, dree, vaere, fiewe – oh!   (Grafschafter Platt)

Deutscher Text (Christoph Studer)

Das hier ist das Spiel der vielen Hände. (2-mal)
Eine muss jetzt raus, ach, wie schade. (2-mal)
Eins, zwei, drei, vier, fünf – oh!

Spielform

Alle Kinder sitzen in einem engen Kreis und legen ihre rechte Hand auf den Boden. Während alle gemeinsam das Lied singen, tippt der Spielleiter in gleichmäßigem Rhythmus von einer Hand zur nächsten. Am Ende der Melodie zählen alle gemeinsam: „Eins, zwei, drei, vier, fünf – oh!" (oder auf anderen Sprachen). Die Hand, auf die der Spielleiter bei „oh!" tippt, scheidet aus. Nun beginnt das Spiel wieder von vorne, bis nur noch eine Hand übrig bleibt.

Umsetzungstipps

- Das Abzählen sollte immer wieder auf anderen Sprachen (z.B. den verschiedenen Muttersprachen der beteiligten Kinder!) erfolgen.
- Verschiedene Rhythmusinstrumente bereitlegen: Kinder, die ausscheiden, dürfen das Lied mit Instrumenten begleiten.
- Bei kleiner Personenzahl kann jede Hand „zwei Leben" haben (beim ersten Ausscheiden die Hand umdrehen, bevor das Kind beim nächsten Mal ganz ausscheidet) bzw. jedes Kind darf zwei Hände auf den Boden legen.

Sisi ni watoto

Wir sind die Kinder

aus Tansania

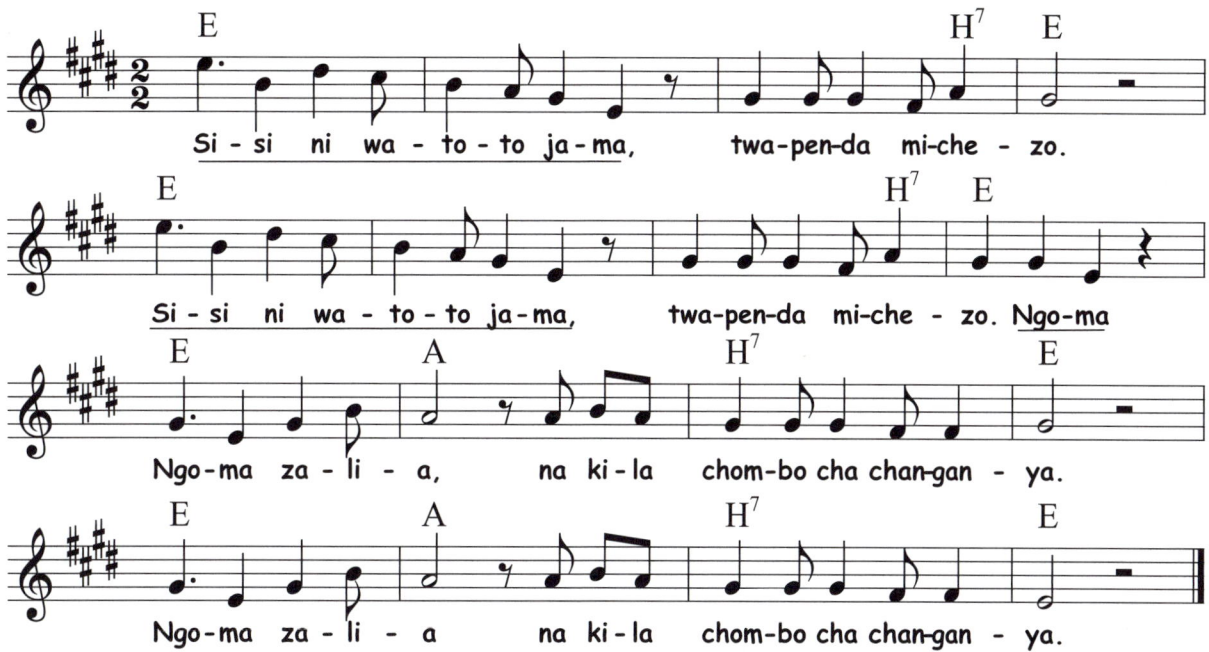

Wichtig: Die unterstrichenen Teile des Liedtextes werden von einem Vorsänger gesungen, die nicht unterstrichenen Teile von allen!

Aussprache

„w" wie im englischen „what" und „why"
„ch" immer als „tsch"
„z" als scharfes „s"

Übersetzung

Aufgepasst, wir sind die Kinder,
und wir lieben es Musik zu machen.
Unser Lied erklingt, und immer mehr
Instrumente stimmen mit ein.

einzelne Wortbedeutungen des Suaheli-Textes:

watoto = Kinder
ngoma = Musik, Trommel, Tanz, Ereignis (siehe S. 7)
chombo = Instrument

Dieses Lied aus Tansania wird in der dortigen Nationalsprache, dem Suaheli gesungen. Die afrikanischen Kinder singen es gerne in den Schulpausen oder auch – zusammen mit dem Lehrer – zu Beginn des Unterrichts. Das Lied kann mit Klatschen, Trommeln und weiteren Instrumenten begleitet werden. Als Tanzform ist die Aufstellung im Kreis am verbreitetsten, aber – wie bei sehr vielen afrikanischen Liedern – kann auch hier variiert und eigene Tanz- und Bewegungsformen erfunden werden.

Hintergrundinformation Sprache: das ostafrikanische Suaheli

Viele Kinder in Afrika sprechen schon sehr früh mehrere Sprachen. In Tansania z.B. ist das Suaheli seit der Unabhängigkeit des Landes 1961 offizielle Amts- und Landessprache. Kinder lernen somit neben der Sprache ihres Volkes (= Muttersprache) spätestens in der Schule mit dem Suaheli schon ihre zweite Sprache. Im Laufe des Schulweges kommt mit Englisch schnell eine weitere Sprache hinzu, und in der Regel erwirbt jeder auch gewisse Kenntnisse in einer der Regionalsprachen eines Nachbarvolkes.

In Tansania leben über 90 verschiedene Völker (= Ethnien), die jeweils ihre eigenen Sprachen haben. Diese Sprachen unterscheiden sich deutlich voneinander, da es sich nicht nur um unterschiedliche Dialekte, sondern jeweils eigenständige Sprachen handelt. So kommt dem Suaheli als einigender Nationalsprache eine sehr wichtige Bedeutung zu: Durch das Suaheli können sich alle Tansanier untereinander verständigen und ein Zusammengehörigkeits- und Nationalgefühl entwickeln, das ethnischen Problemen entgegenwirkt.

Das Beispiel Tansania ist in Afrika aber fast einmalig, denn in den meisten anderen afrikanischen Staaten ist die einigende Nationalsprache keine afrikanische, sondern eine von den ehemaligen Kolonisatoren übernommene Sprache, also vor allem Englisch, Französisch oder Portugiesisch.

In diesem Buch werden noch folgende Lieder auf Suaheli gesungen: Simama kaa (Seite 21), Jambo jambo (Seite 26), Alisema (Seite 13), Sindimba-Tanz (Seite 31), Kuna mapera (Seite 43) und Mawindi (Seite 41).

Sindimba-Tanz

Wir Kinder in der Schule

aus Tansania

Intro

Wa - to - to wa shu - le, wa - na - cham - ga m - ka.

Sprechgesang 1

Wa - tu wa - wi - li / Sin - dim - ba / wa - tu che - zee / Sin - dim - ba

Sprechgesang 2

Kwe - tu kwe - tu / Sin - dim - ba / ngo - ma ngo - ma kon - de / Sin - dim - ba

Aussprache

„w" immer wie im englischen „what" oder „why"
„sh" wie das deutsche „sch"
„ch" immer als „tsch"
„z" immer als „s"
„s" immer scharf wie das deutsche „ß"

Deutscher Text (Christoph Studer)

Wir Kinder in der Schule, wir tanzen alle gern. (2-mal)
Zwei in die Mitte – Sindimba – tanzen für uns – Sindimba (2-mal)
A – a – a – a Sindimba a – a – a – a – a – a Sindimba (ca. 4-mal)

„Sindimba" ist der Name eines Tanzes, der überall in Tansania von Schulkindern gerne gesungen und getanzt wird. Die Grundstruktur des Tanzes ist einfach: Alle Kinder stehen in einem großen Kreis (Blick zur Kreismitte) und singen und tanzen zunächst gemeinsam. Mit Beginn des rhythmischen Sprechgesanges gehen zwei Kinder in die Mitte und beginnen dort so lange zu tanzen, wie sie Kraft und Lust haben. Reihen sie sich wieder in den großen Kreis ein, beginnt das Lied von vorne und zwei weitere Kinder haben die Gelegenheit – mit Klatschen und Singen von allen unterstützt – ihre Tanz-künste zu zeigen. Als Variante kann das Wort „Sindimba" auch nur von einem einzelnen Sänger oder einer Kleingruppe gesprochen werden.

Tanzbeschreibung

🔸 Für den Grundschritt Füße etwa schulterbreit auseinander stellen; mit Beginn des Gesangs tanzen und klatschen alle in folgendem Grundschritt, der während des gesamten Liedes beibehalten wird:

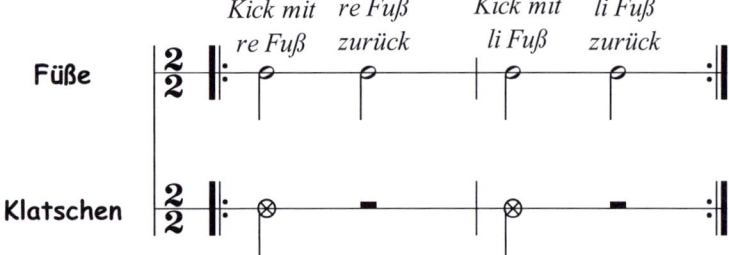

Der re Fuß beginnt mit einem Kick in die Luft, leicht nach schräg-vorne ausgeführt, dann re Fuß zurück an den Platz stellen, Kick mit li Fuß, li Fuß zurück an den Platz.

🔸 Gleichzeitig mit jedem Fußkick klatschen alle in die Hände.

🔸 Bei „watu wawili …" gehen zwei Kinder tänzerisch in die Kreismitte und machen sich für den Hauptteil des Tanzes bereit.

Bei „kwetu, kwetu – Sindimba – ngoma, ngoma konde – Sindimba" beginnen die Kinder in der Mitte so richtig zu tanzen! Die Art des Tanzes ist dabei ziemlich frei, wobei die Umstehenden durch Motivationsrufe sowie ihr Singen und Klatschen versuchen, den Tänzern Energie und Ansporn zu geben.

Rhythmische Begleitung

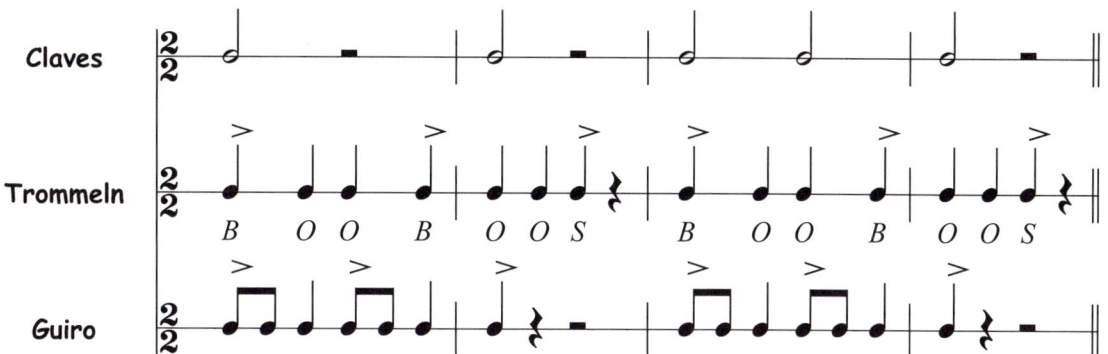

Umsetzungstipps

Dass die Kinder in der Mitte von allen angefeuert werden und durch Klatschen, Singen und ermunternde Zurufe bei ihrem Tanz unterstützt werden, ist in Afrika selbstverständlich, muss aber von uns (Europäern) erfahrungsgemäß zunächst geübt werden. Die wechselseitige Beziehung zwischen den Tänzern in der Mitte und der ganzen Gruppe macht aber gerade den Reiz dieses Tanzes aus, und deshalb ist es wichtig, diesen Aspekt zu üben. Letztlich ist es nämlich ein großer Genuss, sich von allen getragen und unterstützt zu fühlen, probieren Sie es aus!

Ursprünglich läuft es frei ab, welche zwei Personen jeweils in die Mitte gehen; man kann aber auch die Regel aufstellen, dass die beiden Tänzer aus der Mitte am Ende ihrer Tanzzeit jeweils neue Tänzer aussuchen.

Nalukila mayo

Erinnerung an die Mutter

aus Tansania
(Mambwe-Volk)

Aufgrund der tonalen Ambivalenz der Melodie bieten sich unterschiedliche Harmonisierungsmöglichkeiten an. Die hier aufgeführten Akkorde dürfen als Vorschlag verstanden werden.

Aussprache

„w" wie im englischen „what"

Übersetzung

Ich erinnere mich an meine Mutter. („Nalukila mayo")
Ja, an meine Mutter. („mayo wane")

Wechselgesang-Prinzip:
Dieses Lied der Trauer als Erinnerung an die verstorbene Mutter ist im typisch afrikanischen Call-Response-Prinzip aufgebaut: Ein Vorsänger bzw. eine Vorsängergruppe singt die unterstrichenen Liedteile alleine, die ganze Gruppe singt Antworten / Verstärkungen dazwischen.

Polyrhythmische Struktur

Das Lied ist so angelegt, dass es sowohl mit einem geraden als auch mit einem ungeraden Taktgefühl gesungen und begleitet werden kann! Afrikanische Musiker denken nicht in Takten, sondern in rhythmischen Mustern, die zumeist eine polyrhythmische Struktur aufweisen (vgl. Kap. „Ngoma – afrikanisches Musik-Erleben, S. 7).
So könnten wir dieses Lied sowohl in einem 6/8- als auch in einem 2/4-Takt notieren: Die Gesamtlänge des Liedes beträgt 48 Achtel. Notierten wir im 6/8-Takt, so entstünden 8 Takte (48 : 6 = 8), notierten wir im 2/4-Takt, entstünden 12 Takte (48 : 4 = 12). Beide Aufteilungen in „europäische Takte" haben bezüglich des Liedgefühls eine gewisse Berechtigung, doch das eigentlich afrikanische Gefühl in der Interpretation stellt sich erst ein, wenn wir aufhören das Lied in Takte einzuteilen, sondern beide angelegten Taktarten gleichzeitig in dem Lied fühlen! Probieren Sie es, indem Sie sich – z.B. durch Klopfen gleichmäßiger Pulse – im Wechsel im 6/8-Gefühl (also jede 3. Achtel betont) und im 2/4-Gefühl (jede 4. Achtel betont) begleiten.

Zyklischer Vortragsstil

Afrikanische Lieder werden in ständiger zyklischer Wiederholung gesungen. So spiegelt sich in der Musik wider, dass auch in allen anderen Lebensbereichen in Zyklen gedacht und gehandelt wird. Der Gesamtablauf des Liedes wird also fortwährend wiederholt, wobei in jeder Wiederholung eine andere Farbnuance, ein anderer Ausdruck stecken kann und Musizierende wie Zuhörer durch Variationen oder spontane Einwürfe dafür sorgen, dass das Lied nicht langweilig oder leblos wird.

Selenge

Stärkung durch Milch

aus Tansania
(Sukuma-Volk)

I - ya - ya Se - len - ge tu - se - se - me,
I - ya - ya Se - len - ge tu - se - se - me.
Tu-kan-ywe ma-be-le I - ya na ma-sun-ga I - ya se-se-me.

Aussprache

„s" immer scharf wie das deutsche „ß"
„tukanywe" mit einem „w" wie im englischen „what" und einem kaum hörbaren „y"

Die ersten beiden Zeilen werden jeweils von einem Vorsänger / einer Vorsängerin vorgetragen und von der ganzen Gruppe wiederholt. In der dritten Zeile singt der Vorsänger die unterstrichenen Teile, den Rest singen alle.

Übersetzung

Kommt, lasst uns nach Hause laufen,
dort können wir Joghurt essen und frische Milch trinken
und so wieder zu Kräften kommen.

In diesem Sukuma-Lied aus Tansania kommen verschiedene Erzeugnisse aus Milch vor, denen nachgesagt wird, dass sie den Menschen Kraft geben. Das Lied wird z.B. gesungen, wenn die Menschen müde von der Schule oder der Arbeit nach Hause kommen und sich auf eine Stärkung freuen. „Mabele", die in einer Kalebasse zu einer Art Joghurt geschüttelte Milch, gilt bei den Sukuma als eine Spezialität für Erwachsene, die Kinder bevorzugen dagegen „masunga", die frische Milch der Kuh.

Christoph Studer · Benjamin Mgonzwa   JAMBO AFRIKA   © FIDULA

Liedgestaltung

Dieses Lied lässt sich sehr schön in einer sich steigernden Geschwindigkeit gestalten. Die ersten Durchgänge werden noch langsam und müde gesungen, doch nach und nach setzt sich die Vorfreude über die erwartete (Milch-) Stärkung durch und das Tempo steigert sich. Neben der Temposteigerung klingt es sehr reizvoll, wenn gleichzeitig die Tonhöhe von Durchgang zu Durchgang verändert wird (jeweils um einen Halbton aufwärts)! Dies erzeugt eine immer größere Spannung und Energie, die in der Liedgestaltung in einem plötzlichen Schluss oder aber einem letzten Durchgang in Normalgeschwindigkeit enden kann.

Tanzbeschreibung

Alle Kinder stellen sich im Kreis mit Tanz- und Blickrichtung gegen den Uhrzeigersinn auf. Der Tanz besteht aus einem fortwährenden Gehen, das mit kurzen, aber deutlich hörbaren Geh- bzw. Stampfbewegungen ausgeführt wird. Dabei stehen der „Dreier-Schritt" oder der „Siebener-Schritt" als Gehrhythmen zur Auswahl, die nach eigenem Geschmack auch miteinander kombiniert werden können:

1. Dreier-Schritt

    In Vierteln geht man während der ersten beiden Zeilen des Liedes jeweils drei Schritte, gefolgt von einer Pause:
    re – li – re – (Pause) – li – re – li – (Pause) …

    In der letzten Zeile des Liedes steuert der Tanz auf den Höhepunkt beim ersten „-ya" zu (= auf der „Eins" im zweiten Takt), bei dem alle Tänzer nochmal kräftig aufstampfen; dann erfolgt eine Tanzpause von drei Vierteln:
    re – li – re – (Pause) – li! – (Pause) – (Pause) – (Pause) – re – li – re – (Pause).

2. Siebener-Schritt

    In Vierteln geht man während der ersten beiden Zeilen des Liedes jeweils sieben Schritte, gefolgt von einer Pause:
    re – li – re – li – re – li – re – (Pause)   li – re – li – re – li – re – li – (Pause) …
    Der Fuß, mit dem begonnen wird, wechselt also bei jeder Wiederholung einer Zeile.

    In der letzten Zeile des Liedes steuert der Tanz jeweils auf den Höhepunkt beim ersten „-ya" zu, bei dem alle Tänzer kräftig aufstampfen, dann aber eine Tanzpause von drei Vierteln erfolgt:
    re – li – re – li – re! – (Pause) – (Pause) – (Pause) – li – re – li – (Pause) …

Übersetzung

Lasst uns unsere Liebe miteinander teilen, Brüder / Schwestern.
Geben wir uns die Hände, in einer frohen und friedvollen Weise.
Geben wir uns die Hände („tschi a me o tschi a me").

Dieses Friedenslied wird in der Twi-Sprache der Ashanti-Region gesungen. Die im 6/8-Takt notierte Melodie hat ihre Betonungen nicht durchgehend auf der „Eins" und der „Vier", wie wir es bei 6/8-Takten gewohnt sind, sondern die Betonungen wechseln ständig zwischen verschiedenen rhythmischen Varianten hin und her. Da die CD-Einspielung mehrstimmig ist, haben wir an dieser Stelle zur Veranschaulichung den dreistimmigen Vokalsatz mit abgedruckt.

Umsetzungstipps

- Nehmen Sie sich Zeit, die Melodie und die rhythmische Struktur dieses Liedes zu erfassen und zu genießen.
- Beim Einüben des Liedes kann es hilfreich sein, durchgehend Achtel zu Klopfen, um die unterschiedlichen Tonlängen richtig zu erfassen.
- Kreieren Sie zu diesem Lied ruhig Ihre eigene Tanzgestaltung, wobei natürlich das Element „sich die Hände reichen" eine Rolle spielen sollte.

Tanzbeschreibung

Tanzaufstellung in zwei sich gegenüberstehenden Reihen, so dass jeder seinen Tanzpartner anschaut. Die Tanzreihen haben ca. 2–3 m Abstand voneinander.

Teil A:
Ausgangsstellung: Alle Tänzer legen beide Hände aufs Herz.

Takt 1 + 2		In der Ausgangsstellung verbeugen sich alle Tänzer während der Textpassage „mede me do kese" leicht zum Tanzpartner herüber.
Takt 3 + 4	„be ma menua"	Alle Tänzer strecken ihre Arme nach oben und formen im Sinkenlassen der Arme einen großen Ball.
Takt 5 + 6	„woa ni dsche muo"	Die Arme werden bis etwa Hüfthöhe nach vorne geführt und dem Tanzpartner entgegengestreckt, dabei ergreift die linke Hand das eigene rechte Handgelenk; gleichzeitig gehen die Tanzpartner mit drei kleinen Schritten aufeinander zu.
Takt 7 + 8	„tschi a me o tschi a me"	Die Tanzpartner ergreifen ihre (rechte) Hand, heben diese bis über Kopfhöhe und gehen gleichzeitig aneinander vorbei, wobei sie gemeinsam eine halbe

Drehung vollführen und sich rückwärts mit drei kleinen Schritten auf den Ausgangsplatz des Partners stellen (= Platzwechsel).

Der Teil A wird wiederholt, so dass am Ende dieses Tanzteils wieder jeder auf seinem Ausgangsplatz steht.

Teil B:
Ausgangsstellung wie in Teil A mit dem Unterschied, dass diesmal die beiden Tanzreihen von Beginn an recht eng zusammenstehen (ca. 1 m Abstand zwischen den Tanzpartnern). Diese engere Ausgangsstellung wird dadurch erreicht, dass am Ende der Wiederholung von Teil A nur noch ganz kleine Rückwärtsschritte ausgeführt werden.

Takt 9 + 10	„odona ye"	wie in Teil A eine Verbeugung zum Tanzpartner hin
Takt 11 + 12	„odona ye"	beide Hände des Tanzpartners fassen und die Arme gemeinsam nach oben strecken; im Sinkenlassen der Arme von da aus gemeinsam einen großen Ball formen (wie in Teil A, aber diesmal mit gefassten Händen zusammen mit dem Tanzpartner)
Takt 13 + 14	„odona ye"	drei kleine Schritte rückwärts gehen, die Hände sind dabei soweit wie möglich immer noch gefasst
Takt 15 + 16	„tschi a me o tschi a me"	genau wie in Teil A (Takt 7 + 8) die rechten Hände reichen und bis über Kopfhöhe heben, mit halber Drehung aneinander vorbeigehen und rückwärts zum Ausgangsplatz des Tanzpartners bewegen

Auch Teil B des Liedes wird einmal wiederholt!

Variation mit Partnerwechsel:

Um Partnerwechsel in den Ablauf des Tanzes einzubeziehen, wird der erste Teil des Liedes nicht gesungen, sondern nur gesummt und folgende Tanzvariation gewählt:

Takt 1 + 2   wie in Tanzteil A beschrieben

Takt 3 + 4   Zunächst wie in Teil A – alle Tänzer strecken ihre Arme nach oben und formen von da aus einen großen Ball; wenn die Arme dabei aber in die Breite gehen, die Hände des re und li Nachbarn fassen.

Takt 5 + 6   Beide Tanzreihen gehen mit gefassten Händen in 4 kleinen Schritten aufeinander zu.

Takt 7 + 8   Handfassung lösen; alle Tänzer führen eine 360°-Drehung im Uhrzeigersinn aus und orientieren sich dabei einen Platz weiter nach links, so dass am Ende jeder einem neuen Tanzpartner gegenübersteht (die beiden Tänzer, die in ihrer Tanzreihe schon ganz links gestanden haben, wechseln mit ihrer Drehung in die gegenüberliegende Tanzreihe).

Mawindi

Auftritt der Künstler

aus Tansania
(Nyaturu-Volk)

Teil 1: He - ko he - ko wa-na-in-chi wa - sa - nii twai-ngi - a.
He - ko he - ko wa-na-in-chi wa - sa - nii twai-ngi - a.

Teil 2: Wa-sa-nii wo-te du-ni-a-ni kwa pa-mo-ja tu-fan-ye ka-zi.
Iyo - o - oh, kwa pa-mo-ja tu-fan-ye ka-zi.

Wechselgesangprinzip:
Die unterstrichenen Teile des Liedes werden nur von einer Vorsängergruppe gesungen!

Aussprache

„w" wie im englischen „what"
„ch" als „tsch"
„z" als weiches „s"

Übersetzung

Teil 1: Die Künstler kommen und betreten die Bühne.
Teil 2: Künstler aus der ganzen Welt sind da, um zusammen zu arbeiten (zu tanzen).

Dieses Lied aus der Singuida-Region in Tansania gehört zu einem Tanz, bei dem alle Tänzer mit einem gemeinsamen Tanzschritt in einer langen Reihe auf die Bühne kommen. Der erste Teil des Liedes wird im Wechselgesang-Prinzip so lange gesungen, bis alle Tänzer auf der Bühne angekommen sind und sich in zwei gegenüberliegenden Reihen aufgestellt haben. Mit dem Ruf „Piäää – piäp" beendet ein Solosänger den ersten Liedteil, und alle Tänzer singen im Stehen den zweiten Teil des Liedes. Endet der Gesang, setzen Trommeln und Rhythmusinstrumente ein, und der eigentliche Tanz (= Teil 3 des Liedes) beginnt.

Tanzbeschreibung

Teil 1:
Der Einzug der Tänzer erfolgt singend und mit einem schnellen Tanzschritt. In Achteln gehen alle Tänzer folgendermaßen vorwärts: 1. re Fuß setzt nach vorne (dabei leicht nach links setzen, so dass der Oberkörper ebenfalls eine ¼-Drehung nach links vollziehen kann), 2. li Fuß setzt nach, aber um eine etwas kürzere Strecke, 3. re Fuß setzt neben den linken Fuß wieder zurück, 4. Pause (eine Achtel lang geschieht nichts).

Teil 2:
Nachdem sich die Tänzer am Ende des 1. Teils in zwei gegenüberliegenden Reihen aufgestellt haben, bleiben sie mit Beginn des 2. Teils unbewegt stehen. Der zweite Liedteil wird also ohne jede Bewegung im Stehen gesungen (die Tänzer können hier Kräfte für den folgenden dynamischen Tanzteil sammeln!)

Teil 3:
Mit Beginn des Trommelspiels beginnt ein schneller und dynamischer Tanz, der von gemeinsamen Motivationsrufen („Hey!") und Klatschern (×) geprägt ist. Im Grundpuls von Vierteln läuft der Tanz wie folgt ab:

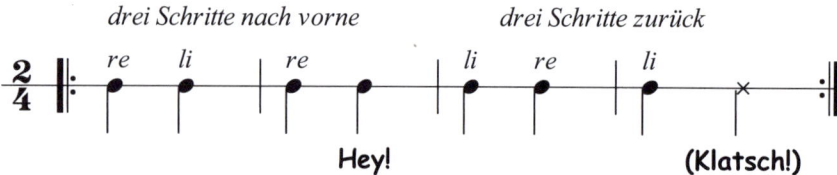

Bei Einsetzen des Trommelbreaks (deutlich hörbar auf der CD) drehen sich alle Tänzer um 360° um ihre eigene Achse und schließen wieder mit gemeinsamem Motivationsruf ab:

Die erste Tanzfigur dieses Teils zeichnet sich in ihrem Ausdruck dadurch aus, dass die Motivationsrufe und Klatscher jeweils absolut synchron erklingen und die Tanzschritte sehr dynamisch ausgeführt werden. Und: Gleichzeitig mit den Beinen ist der ganze Körper tänzerisch beteiligt.
Während der 360°-Drehung im zweiten Teil der Tanzfigur gehen alle Tänzer weit herunter in die Knie. Der Oberkörper wird dabei ebenfalls gebeugt, und die Ellenbogen werden etwa auf Brusthöhe nach außen gestreckt. Erst beim Ruf „Hey" sind alle Tänzer wieder aufgerichtet.

Kuna mapera

Ein tropischer Fruchtcocktail

aus Tansania

Ein Vorsänger / eine Vorsängergruppe singt jeweils die unterstrichenen Liedteile!

Aussprache

„w" wie im englischen „what"
„ch" immer als „tsch"
„z" wie ein weiches „s"
„r" immer als ein gerolltes „r"

	Afrikanisch:	*Deutsch:*
Intro	Kuna mapera jama: Njoni myaone!	Hier gibt es Früchte, Leute! Kommt und seht sie euch an!
1.	Wana chuma: chuma, chuma, chuma. Chuma tena jama: chuma, chuma, chuma.	Und sie pflücken: pflücken, pflücken, pflücken. Pflückt noch einmal, bitte, pflücken, pflücken, pflücken.
2.	Twende mbele ringa ringa, ringa ringa, ri na kurudi jama ringa ringa, ringa ringa, ri	Geht nach vorne, ringa ringa, ringa ringa, ri-, und zurück das ganze, ringa ringa, ringa ringa, ri-.
3.	Ebu cheza cheza cheza, cheza cheza, che cheza tena jama cheza cheza, cheza cheza, che	Und wir tanzen, tanzen tanzen, tanzen tanzen, ta-, tanzt noch einmal, bitte, tanzen tanzen, tanzen tanzen, ta-.
4.	Ebu ru-ka ruka ruka, ruka ruka, ru ruka tena jama ruka ruka, ruka ruka, ru	Und wir hüpfen, hüpfen hüpfen, hüpfen hüpfen, hüpf, hüpft noch einmal, bitte, hüpfen hüpfen, hüpfen hüpfen, hüpf.
5.	Piga makofi piga piga, piga piga, pi piga tena jama piga piga, piga piga, pi	Und wir klatschen, klatschen klatschen, klatschen klatschen, kla-, klatscht noch einmal, bitte, klatschen klatschen, klatschen klatschen, kla-.
6.	Ebu imba imba imba, imba imba, i imba tena jama imba imba, imba imba, i	Und jetzt singen, singen singen, singen singen, si-, singen, singen, singen, singen singen, singen singen, si-.
7.	Ebu tambaa tambaa – tambaa – tambaa (................) tambaa – tambaa – tambaa	Und wir schleichen, schleichen – schleichen – schleichen, (........................) schleichen – schleichen – schleichen.

Die Strophen 3 bis 6 werden im Rhythmus der zweiten Strophe gesungen, Strophe 7 im Rhythmus der ersten Strophe (in den eingeklammerten Passagen schweigt der Vorsänger).

In Afrika gibt es die herrlichsten Früchte:

 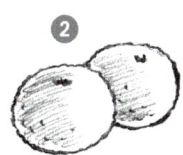   

Mangos ❶, Orangen ❷, Papayas ❸, Bananen ❹, Ananas ❺, Maracuja und viele mehr. Früchte heißen in Ostafrika „mapera", und wenn sie reif sind, erschallt der Ruf:
„Kuna mapera jama" = „Hier gibt es Früchte, Leute!"
Im Anschluss an diesen Ruf wird in dem Lied mit den entsprechenden Gesten und Bewegungen geschildert, was vor Freude über die leckeren Früchte so alles passiert: Sie werden gepflückt (= „chuma"), es wird getanzt (= „cheza"), gesungen (= „imba") und gehüpft (= „ruka"), und erst zum Schluss beruhigen sich die Gemüter ein wenig, wenn alle langsam und leise davonschleichen (= „tambaa").

Umsetzungstipps

- Tanzaufstellung im Kreis
- das Lied im Wechsel mit deutschem und afrikanischem Text singen
- entsprechend den Wortbedeutungen ausdrucksstarke Gesten zu den einzelnen Strophen erfinden; bei den Strophen mit „ringa ringa" (= gehen) und „tambaa" (= schleichen) bewegen sich alle zunächst Richtung Kreismitte, bei der Wiederholung der Zeile dann wieder auf den Ausgangsplatz zurück

Achtung:
Auf der CD wird die vierte Strophe („ruka" = hüpfen) nicht nur einmal gesungen, sondern wiederholt! Als alternativer deutscher Text erklingt zudem in der zweiten Strophe: „Und jetzt gehen" und „geht noch einmal, bitte".

Palipó

Lebhafter Tanz mit Stöcken

aus Zentralafrika
(Pygmäen-Volk)

Christoph Studer · Benjamin Mgonzwa JAMBO AFRIKA © FIDULA

Deutscher Text (Christoph Studer)

Kommt, macht mit, seht nur, wir tanzen hier für euch Palipó.
Seht nur, wir tanzen hier mit euch Palipó!

Tanzbeschreibung

Als ein Tanz mit Stöcken lässt sich Palipó in vielen Variationen gestalten. Charakteristisch ist jedoch, dass die ganze Gruppe immer bei „sas-sas-sa" 3-mal mit den Stöcken auf den Boden klopft. Aber aufgepasst – der erste Liedabschnitt ist etwas länger als der zweite: Das erste „sas-sas-sa" erklingt nach 12 Viertelnoten, das zweite schon nach 9!

Beispiel mit fünf verschiedenen Tanzdurchgängen:
Tanzaufstellung im Kreis mit Blickrichtung zur Kreismitte

1. Vor- und zurück gehen:

   In Halben geht die ganze Gruppe zunächst drei Schritte zurück (re – li – re), dann wieder drei Schritte vor (li – re – li); bei „sas-sas-sa" 3-mal mit den Stöcken klopfen.

   Im zweiten Liedabschnitt zwei Schritte zurück (re – li), zwei Schritte vor (re – li) und bei „sas-sas-sa" 3-mal klopfen.

2. Mit Speer im Kreis gehen:

   Alle halten die Stöcke wie einen Speer und laufen in Halben im Kreis herum:

   a) vorwärts während des ersten Liedabschnitts, bei „sas-sas-sa" natürlich wieder klopfen

   b) rückwärts während des zweiten Liedabschnitts, klopfen bei „sas-sas-sa".

3. Stock in der Luft drehen:

   a) im ersten Liedabschnitt den Stock in der Luft im Uhrzeigersinn drehen, klopfen bei „sas-sas-sa"

   b) im zweiten Liedabschnitt den Stock gegen den Uhrzeigersinn drehen, klopfen bei „sas-sas-sa".

4. Rhythmen klopfen:

   Während des gesamten Liedes mit den Stöcken folgende Rhythmen auf den Boden klopfen:

   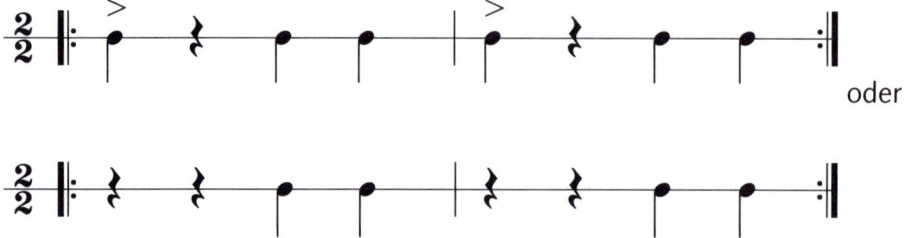

5. Griffe am Stock:

   Im Rhythmus mit der rechten und linken Hand jeweils ein Stück am Stock hochgreifen, bei „sas-sas-sa" 3-mal klopfen. Im zweiten Liedabschnitt am senkrecht gehaltenen Stock heruntergreifen, 3-mal klopfen bei „sas-sas-sa".

Rhythmische Begleitung

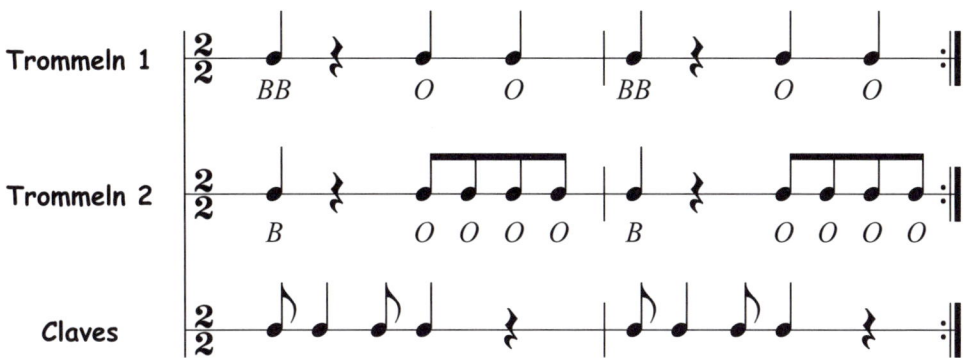

Anmerkung:

Auf der CD erklingt das Lied mit zwei weiteren Strophen, die Benjamin Mgonzwa in Suaheli (= ostafrikanische Sprache) zu dem Lied kreiert hat. Der Text lautet:

2. Tembea tembea mtoto tembea, tembea
   Tembea mtoto tembea, tembea (Übersetzung: Geht voran, Kinder, geht – ja, geht vorwärts!)
3. Furahi furahi mtoto furahi, furahi
   Furahi mtoto furahi, furahi (Übersetzung: Freut euch, Kinder, seid froh – ja, freut euch!)

Sponono

Tanzlied

aus Südafrika
(Xhosa-Volk)
Zweiter Teil: Christoph Studer

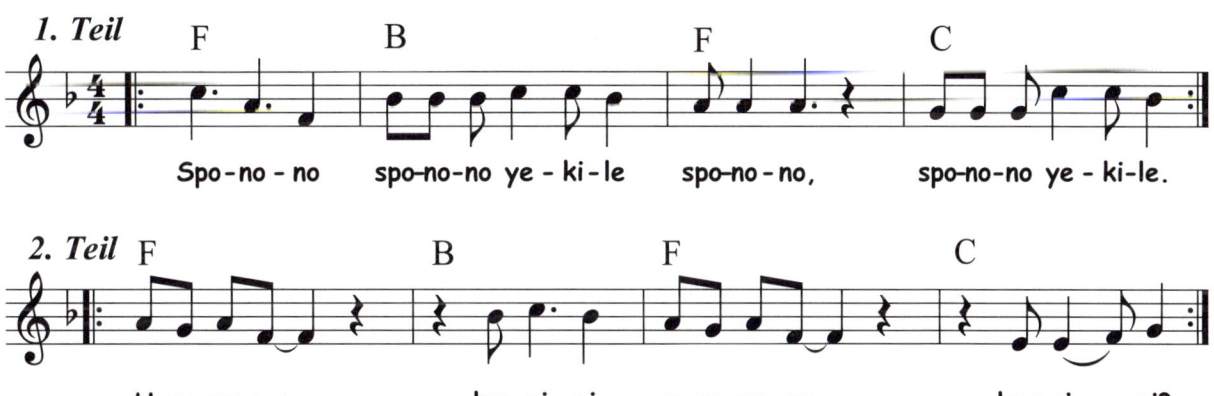

Aussprache

„w" wie im englischen „what"
„z" wie ein weiches „s"

Dieses Tanzlied aus Südafrika ist – obwohl es sehr beschwingt und fröhlich klingt – im Grunde ein trauriges Lied. In seinem Text beklagt es den Verlust eines geliebten Menschen:

Übersetzung

Dieser wunderbare Mensch hat mich verlassen.   (Teil 1)
Wie konntest du dazu fähig sein, warum nur?   (Teil 2)

Erster und zweiter Teil des Liedes können auch von zwei Gruppen gleichzeitig gesungen werden, wodurch eine schöne Mehrstimmigkeit entsteht.

Tanz / Körperperkussion

1. Teil:
Aufstellung in zwei gegenüberliegenden Reihen. Mit dem Anfang des Liedes beginnt ein Viererschritt auf der Stelle mit Betonungen auf dem ersten (= rechter Fuß) und dem vierten (= linker Fuß) Schritt. Schritte in Vierteln:
re – li – re – **li** / **re** – li – re – **li** / **re** ...
Der linke Fuß tritt bei diesem Tanzschritt immer auf der Stelle, der rechte Fuß geht jeweils zunächst nach vorne und dann wieder zurück. Die betonten Schritte sollten so kräftig ausgeführt werden, dass sie – als rhythmische Grundbegleitung – deutlich hörbar sind.

2. Teil:
Im zweiten Teil des Liedes kommt es zu einem Klatschspiel zwischen den sich gegenüberstehenden Tanzreihen: zunächst in Achteln dreimal auf die Schenkel patschen (re – li – re), dann je zweimal mit dem gegenüberstehenden Partner „abklatschen".

2. Stimme

Bawalagila
Die tote Antilope

aus Tansania
(Makonde-Volk)

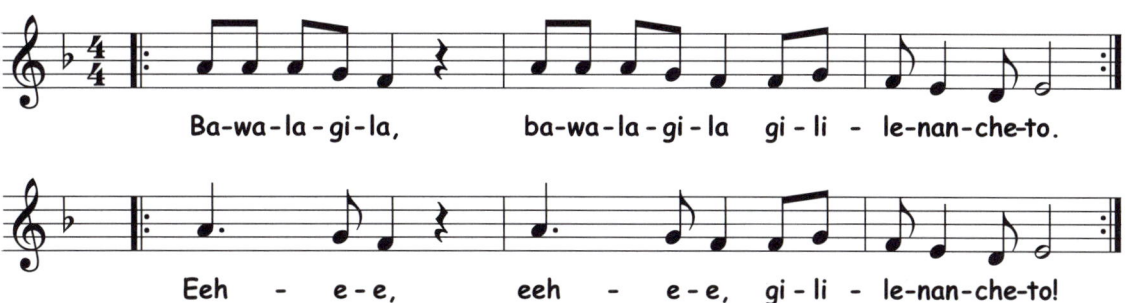

Aussprache

„w" wie im englischen „what"
„ch" als „tsch"

Deutscher Text (Christoph Studer)

Seht doch einmal da, seht doch einmal da, die Antilope ist tot.   (2-mal)

Oo – o – oh,   Oo – o – oh, die Antilope ist tot!   (2-mal)

„Bawalagila" ist ein Lied der Makonde, einem Volk aus dem Süden Tansanias. „Gililenancheto" bedeutet wörtlich „Die Antilope ist (von einem wilden Tier) gefressen worden". In Tanz und Gesang wird die Trauer darüber ausgedrückt.

Tanzbeschreibung

Am meisten Freude bereitet dieses Lied, wenn sich eine Person als tote Antilope in die Mitte des Tanzkreises legt! Alle Tänzer können sich dann in ihrer Klage direkt auf dieses Tier beziehen:

1. Teil:
- Ausgangsstellung: zur Kreismitte gerichtet, Füße schulterbreit auseinander
- Tanzschritt (in Vierteln): 1. re Fuß Schritt nach vorne; 2. li Fuß auf der Stelle anheben und absetzen; 3. re Fuß Schritt zurück auf Ausgangsstellung; 4. Pause

2. Teil:
- im Wechsel sich klagend an den Kopf und an den Bauch fassen (in Halben); bei „gililenancheto" auf die tote Antilope in der Kreismitte zeigen

Instrumenten-Begleitung

Bemerkung:
„Bawalagila" ist das einzige Lied in diesem Buch, das nicht exakt so notiert ist, wie es auf der CD eingespielt wurde. Dem afrikanischen Originalrhythmus der Melodie (CD) liegt ein 6/8-Gefühl zu Grunde, das zudem sehr komplex mit den begleitenden Trommeln verzahnt ist. Dies exakt zu notieren (und beim Singen selber richtig zu fühlen!), ist für uns Europäer sehr, sehr schwierig.
Deshalb unser Vorschlag: Wenn sie dieses Lied (mit ihrer Klasse / Gruppe) selber singen wollen, nutzen sie die hier vorgelegte vereinfachte Melodienotation im 4/4-Takt und die vorgelegte Tanzbeschreibung. Wollen Sie aber tiefer in afrikanische Gefilde vordringen, verwenden Sie die Musik von der CD und gestalten eine eigene Tanzform zu diesem Lied!

Mpaho

Auf Wiedersehen

aus Tansania
(Haya-Volk)

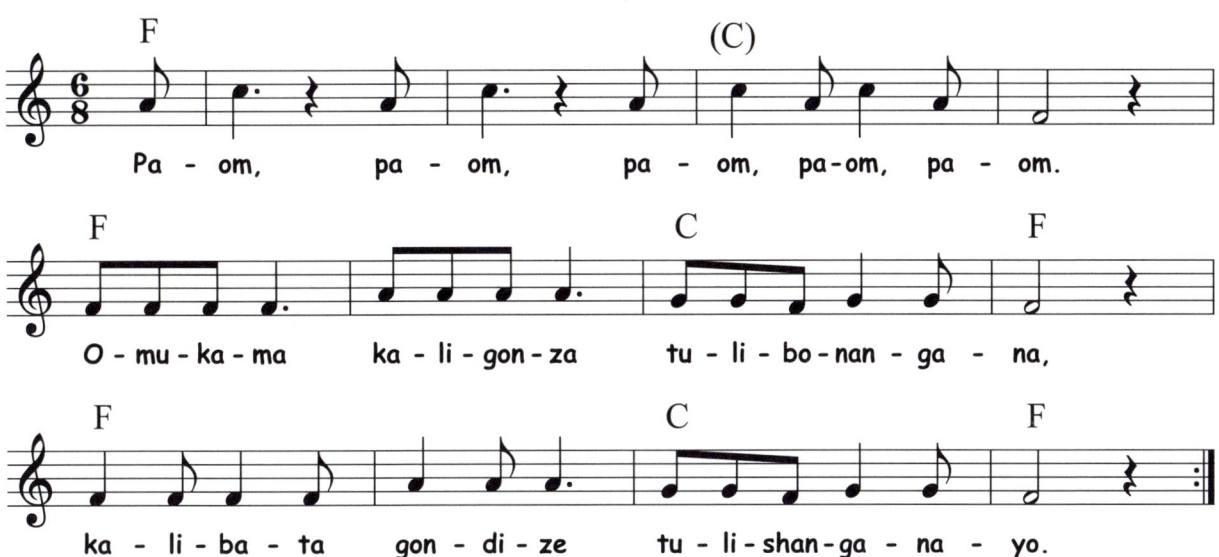

Pa - om, pa - om, pa - om, pa-om, pa - om.
O - mu - ka - ma ka - li - gon - za tu - li - bo - nan - ga - na,
ka - li - ba - ta gon - di - ze tu - li - shan - ga - na - yo.

Aussprache

„z" wie ein weiches „s"
„sh" wie im deutschen „sch"

Deutscher Text (Christoph Studer)

Auf Wie - der - sehn, auf Wie-der-, Wie-der-sehn.
Wenn es Got - tes Wil - le ist, werd ich dich wie - der - sehn.
Selbst wenn es an - ders ist, im Him - mel, da wird es gehn.

Die Sprache dieses Liedes ist Kihaya, die Sprache des Haya-Volkes, das im äußersten Nordwesten Tansanias lebt. Mit dem Wort „mpaho" (= „auf Wiedersehen") wird hier lautmalerisch gespielt, und die Silben des Wortes werden in anderer Reihenfolge zusammengefügt. Das Lied ist in einer pentatonischen Tonskala komponiert (penta = fünf), d.h. die Melodie des Liedes setzt sich aus nur fünf verschiedenen Tönen zusammen. Das Lied kann leicht mit Xylophon und Rhythmusinstrumenten begleitet werden.

Instrumenten-Begleitung

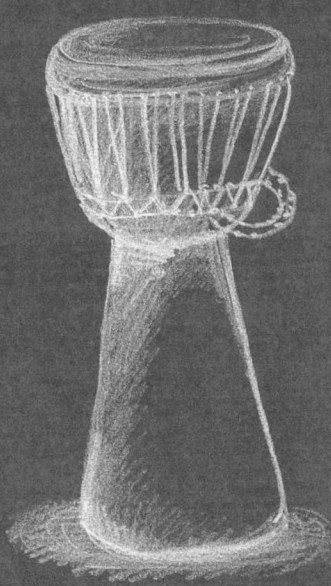

Kleine Trommel- und Rhythmusschule

Trommeln faszinieren Kinder in erstaunlichem Maße. Die direkte Art der Klangerzeugung auf diesem Instrument und ein schnelles Erfolgserlebnis fordern Kinder geradezu zum Spielen heraus. Damit die Freude am Trommelklang aber nicht in einem lauten, unkoordinierten Chaos endet, ist eine strukturierte Anleitung notwendig. Die folgende Sammlung von Übungen und Spielideen bietet dazu vielfältige Hilfestellung. Über die direkte Arbeit mit Trommeln hinaus können Sie gemeinsam mit den Kindern ihre rhythmischen Fähigkeiten erweitern. Dabei steht zunächst nicht so sehr das Erlernen bestimmter Schlagtechniken oder Rhythmen im Vordergrund. Wichtiger ist, sich auf das Trommeln einzustimmen sowie Lust und Freude am rhythmischen Tun zu bekommen.
Viel Spaß beim Arbeiten mit der kleinen Trommel- und Rhythmusschule!

Aufwärmen und rhythmisches Einstimmen

Vor dem eigentlichen Trommelspiel sollten immer ein paar Auflockerungs- und Aufwärmübungen sowie spielerische Übungen stehen, die das rhythmische Empfinden anregen. Diese gemeinsame Einstimmung ist wichtig, denn bei gutem Trommelspiel ist immer der ganze Körper beteiligt, und gerade beim Spiel in der Gruppe dauert es erfahrungsgemäß eine Weile, bis sich alle rhythmisch aufeinander eingeschwungen haben. Die Übungen müssen nicht sehr lang zu sein. Dennoch sind sie als Vorbereitung für ein lustvolles und koordiniertes Musikmachen wichtig.
Hier ein paar Vorschläge:

Auflockerungs- und Aufwärmübungen

a) Strecken und Schütteln
Arme und Beine ausschütteln; sich dann im Wechsel groß machen *(bis zur Decke strecken)* und ganz klein machen *(zusammenrollen)*; dann nochmal Arme und Beine ausschütteln und langsam die Schultern bewegen: 1. die rechte Schulter; 2. die linke Schulter; 3. beide Schultern zusammen, vorwärts und rückwärts kreisen.

b) Abklopfen
Sich von oben bis unten mit sanften Schlägen abklopfen: Gesicht, Hals, Brust, Rücken, Po, Oberschenkel, Unterschenkel und Füße. An empfindlichen Körperteilen besonders vorsichtig klopfen. Die Übung alleine oder in Partnerarbeit durchführen.

c) Duschen
Mit den Händen und dem ganzen Körper so tun, als ob man sich duscht: Sich von oben bis unten einseifen. Nicht vergessen zu rubbeln, wo es besonders dreckig ist. Am Ende mit einem Handtuch alles gut abtrocknen!

d) La Ola
Im Kreis stehend geht – wie im Fußballstadion – eine Welle herum, indem ein Bewegungsimpuls jeweils an den Nachbarn weitergegeben wird: zunächst nur mir den Armen, als Variation aber auch mit dem ganzen Körper *(hocken – sich groß machen – hocken)* oder mit vorher abgesprochenen Körperteilen.

Rhythmisch anregende Spiele

a) Wer hat die Kekse aus der Dose geklaut?

Dieses bekannte Singspiel eignet sich hervorragend, in spielerischer Form das gleichmäßige Fließen der Hände (re – li – re – li) zu üben, das für gemeinsames Trommelspiel so wichtig ist.

überliefert

(Noten: Wer hat die Kek-se aus der Do-se ge-klaut? Die Mar-ti-na* hat die Kek-se aus der Do-se ge-klaut.)

* beliebigen Namen einsetzen

Spielform

Im Kreis sitzend singen alle den Kehrvers und patschen (in Vierteln) im Wechsel mit der rechten und linken Hand auf ihre Oberschenkel. Am Ende des Kehrverses wird innegehalten und es beginnt das verbale Wechselspiel:

Beschuldigter:	„Wer, ich?"	Alle:	„Ja, du!"
Beschuldigter:	„Niemals!"	Alle:	„Wer dann?"
Beschuldigter:	„Die/Der …		hat die Kekse aus der Dose geklaut."

Nun singen und patschen wieder alle den Kehrvers, bis alle einmal dran waren bzw. der Dieb entdeckt wurde.

Das wechselseitige Patschen der Hände, das hier wie nebenbei geschieht, ist praktisch schon *die* Grundübung, die man für gutes Trommelspiel benötigt. Man hört ein gleichmäßiges Pulsieren, und der wechselseitige Gebrauch von rechter und linker Hand bringt unsere beiden Gehirnhälften miteinander in Verbindung. Dies wirkt aktivierend und ausgleichend!

b) Erbsen rollen

Ebenfalls der fließende Wechsel von rechter und linker Hand steht bei diesem Sprechspiel im Vordergrund, das zudem auch als Sprechkanon gestaltet werden kann:

Bernd Meyerholz

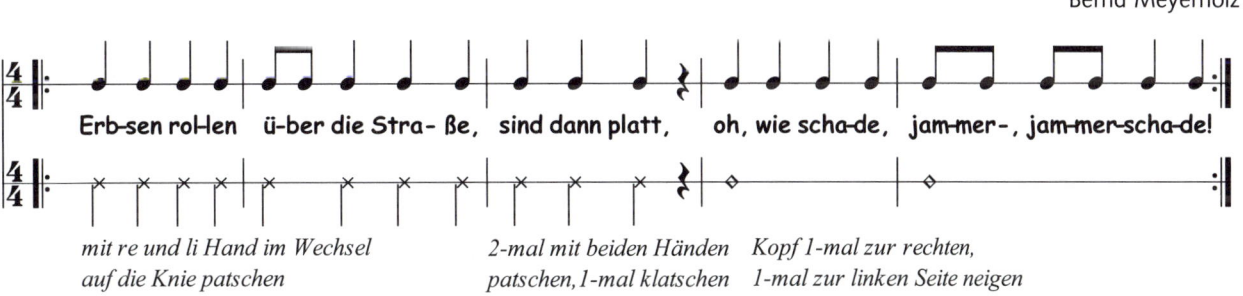

mit re und li Hand im Wechsel auf die Knie patschen — *2-mal mit beiden Händen patschen, 1-mal klatschen* — *Kopf 1-mal zur rechten, 1-mal zur linken Seite neigen*

© Bernd Meyerholz, Abdruck mit freundlicher Genehmigung des Autoren

Spielform

Zunächst sprechen alle gemeinsam den rhythmischen Sprechvers und führen die dazugehörigen Bewegungen (Körperperkussion) aus. Am Ende des Sprechverses fängt man ohne Pause sofort wieder vorne an und fährt damit so lange fort, bis alle die Bewegungen und den Sprechrhythmus sicher beherrschen. Zur Abwechslung kann

- der Text mal ganz leise gesprochen werden, so dass vor allem die Körperinstrumente zu hören sind!
- die Sprachebene ganz weggelassen werden (also nur noch innerlich sprechen!): Eine schöne rhythmische Figur aus Patschen, Klatschen und Pausen wird hörbar!

Mit Gruppen, die den Sprechvers sicher beherrschen, kann die Kanonform mit bis zu fünf Gruppen gewählt werden, wobei nach jedem Takt eine neue Gruppe einsetzt. Auch in der Kanonform ist es reizvoll, mal mit und mal ohne Sprache zu arbeiten.

Tipp

Dieser Sprechvers macht nicht nur Kindern sehr viel Spaß. Probieren sie ihn mal mit ihrem Kollegium – z.B. als Auflockerung an einem langen Konferenznachmittag – aus: Der auflockernde, erheiternde und aktivierende Effekt dieser kurzen Übung ist nicht zu unterschätzen!

c) Streifzug durch die Savanne – Sprechvers

Ein Sprechvers zum rhythmischen Einschwingen und Warmwerden. Hier wird es schon afrikanischer: Die Sprachebene (= notierte Notenwerte) wird etwas anders rhythmisiert als die gleichmäßig in Vierteln durchlaufende Körperperkussion (kursiv notiert). Die letzten beiden Takte – das Fauchen des Löwen – mit möglichst starker Gestik und Mimik ausführen!
Auch dieser Sprechvers kann mit allen gemeinsam oder aber als Sprechkanon in 2, 3 oder sogar 6 Gruppen gesprochen werden.

Christoph Studer

d) Streifzug durch die Savanne – Liedform

Als Lied gesungen wird aus dem Sprechvers ein Kanon für drei Gruppen. Selbstverständlich sollten Körperinstrumente und Gestik der Sprechversion beibehalten werden. Das Lied kann in verschiedenen Strophen gesungen werden:

Christoph Studer

Mitten in Afrika ...

2. ... kommen Menschen gerne zusammen zum Palaver: (tuscheln – tuscheln, 2-mal)
3. ... heben Elefanten ihre Rüssel und trinken was: (schlürfen – schlürfen, 2-mal)
4. ... steht die Sonne sehr hoch am Himmel und scheint so doll: („Puh" – „Schwitz", 2-mal)
5. ... sucht ein Löwe nach seiner Mutter und ruft aus: (fauchen – „Wo bist du denn?", 2-mal)

Sitzhaltung

Die Trommel richtig zu halten, ist sehr wichtig. Andernfalls wird es kaum möglich sein, ihr schöne Töne zu entlocken und diese bei längeren Spielphasen ohne Verkrampfung und Anstrengung zu halten. Folgendes ist zu beachten:

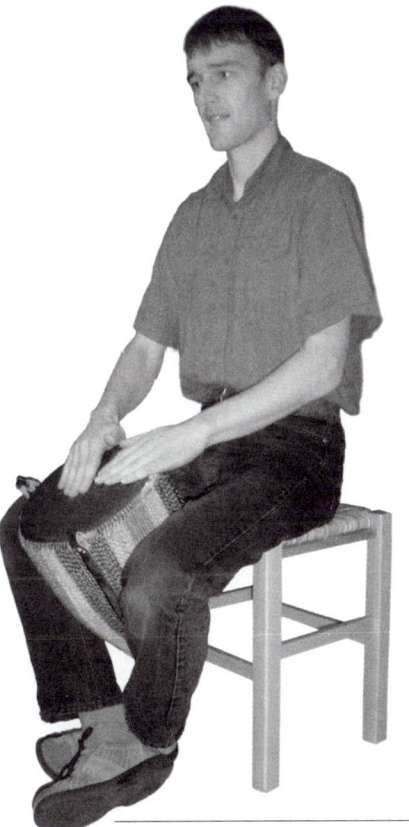

- Auf dem Stuhl so weit wie möglich nach vorne rutschen. Beine öffnen, so dass zwischen den Beinen Freiraum für die Trommel entsteht.
- Die Beine überkreuzen und die Füße ineinander schränken.
- Eine aufrechte Sitzhaltung einnehmen – Rücken und Schultern entspannen.
- Die Trommel zwischen die Knie klemmen, leicht nach vorne kippen und mit leichtem Druck der Oberschenkel festhalten.

Tipp
Beim Trommeln dickere Ringe von den Fingern abnehmen. Sie können dünne Trommelfelle beschädigen und bei längerem Spiel zu Druckstellen und Schmerzen an den Fingern führen.

Christoph Studer · Benjamin Mgonzwa JAMBO AFRIKA © FIDULA

Spiele zum Drauflostrommeln

Kinder lernen die Handhabung von Musikinstrumenten am besten in spielerischer Form. Gerade bei der Trommel mit ihrem hohen Aufforderungscharakter wäre es kontraproduktiv, gleich mit der Vermittlung von Spieltechniken und Rhythmen anfangen zu wollen. Deshalb hier ein paar Spielformen zum „geordneten" Drauflosspielen:

a) Trommelwirbel

Ziel dieses Spieles ist ein gemeinsam gespielter Trommelwirbel. Der Trommelwirbel fängt ganz, ganz leise an, steigert sich dann immer mehr bis zu einem Höhepunkt, wird wieder leiser und klingt schließlich aus. Am Ende folgt dann noch ein gemeinsamer Abschlussschlag: Alle heben die Hände und zählen „eins" – „zwei" – und bei „drei" lassen alle gemeinsam die Hände auf die Trommel fallen: „Bumm!" Natürlich hilft es Kindern, wenn diese Übung in eine Geschichte eingebettet wird, z.B.:

Von weither zieht ein Gewitter herauf.	
Zunächst hören wir nur den Wind rauschen.	Reiben auf dem Trommelfell
Dann setzt feiner Regen ein.	einzelne Finger trommeln
Allmählich werden die Regentropfen immer dicker.	stärkeres Trommeln der Finger
Einzelne Donnerschläge sind zu hören.	vereinzelte laute Schläge auf der Trommel
Der Regen wird immer doller	Trommeln mit beiden Händen
und prasselt nur so herab.	höchste Trommelintensität
Dann lässt der Regen endlich etwas nach.	leiser werden
Nur noch vereinzelte Donnerschläge sind zu hören.	...
Schließlich nieselt es nur noch	...
und der Regen ist kaum noch zu hören.	...
	Abschluss: Ein letzter Donnerschlag beendet das Unwetter (Hände heben und bei „drei" auf die Trommel fallen lassen).

b) Namen trommeln

Das Trommeln der eigenen Namen ist bei Kindern unglaublich beliebt. Offensichtlich fasziniert es sie, dass sich jeder Name (rhythmisch) trommeln lässt, und sie genießen es, für einen Moment im Mittelpunkt zu stehen.

Spiel
Die Leitung beginnt und trommelt den eigenen Namen, z.B.

worauf alle mehrmals antworten:

Nun ist der nächste an der Reihe, z.B.

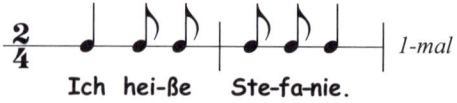

alle antworten:

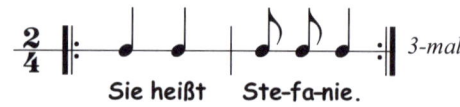

Das mehrmalige Wiederholen jedes Namens ist wichtig, damit alle Kinder in den Sprech- und Trommelrhythmus hineinfinden.

Achtung!
Einige Namen sind in der oben beschriebenen Form gar nicht so leicht zu spielen, nämlich

a) alle viersilbigen Namen, wie z.B. *Katharina, Maximilian, Leonore, ...*

b) zwei- und dreisilbige Namen, bei denen nicht die erste, sondern die zweite Silbe betont wird: *Christina, Denise, Michelle, ...*

Bei diesen Namen sollte man gemeinsam nach einer rhythmisch eingängigen Spielmöglichkeit suchen, z.B.:

a)

b)

oder

c) Unterhaltung mit Instrumenten

In dieser Spielform haben die Kinder Gelegenheit, aufeinander Bezug zu nehmen und sich mit ihren Trommeln – oder auch anderen Instrumenten – richtig zu unterhalten. Das Spiel läuft ganz ohne Sprache ab, dafür ist es aber erlaubt, durch Gestik und Mimik das Instrumentenspiel zu unterstützen.

Spielform

Alle sitzen mit ihren spielbereiten Instrumenten im Kreis. Nun beginnt der Spielleiter. Er sucht sich per Blickkontakt einen „Gesprächspartner" aus und spricht diesen mit Instrumentenklängen und durch Gestik an. Der Angesprochene reagiert, und es entwickelt sich ein lebhaftes Hin und Her, das so lange andauert, bis das Gespräch verebbt oder von einer Seite deutlich beendet wird. Nun darf der Aufgeforderte seinerseits per Blickkontakt einen neuen Gesprächspartner aussuchen und sich „unterhalten". Das Spiel setzt sich fort, bis alle einmal an der Reihe waren.

Umsetzungstipps und Anmerkungen

- Es ist erstaunlich, wie gut sich Kinder ohne Sprache und nur mit Instrumenten und Gestik ausdrücken können: Häufig entwickeln sich richtige Streitgespräche, Flüstereien, Verschwörungen oder Neckereien, die auch für die Zusehenden interessant und spannend sind.

- Als Spielleitung ist es wichtig eine Atmosphäre zu schaffen, in der sich die Kinder trauen aus sich heraus zu gehen. Achten Sie gleichzeitig aber darauf, dass die Kinder nicht nur schauspielern oder allein auf Lacher und Showeffekte aus sind.

- Beginnen Sie das Spiel am besten selber. Zeigen Sie durch ihre Spielweise und Gestik, was für Ausdrucksmöglichkeiten auch ohne Sprache möglich sind!

d) Vortrommeln – Nachtrommeln

Auch dieses Spiel gefällt Kindern außerordentlich. Genau wie in Afrika lernen sie Rhythmen dabei durch Beobachtung und Nachahmung.

Spielform

Einer – in der Regel die Leitung – spielt und spricht alleine einen Rhythmus vor, der dann von allen wiederholt wird, z.B.:

Leitung:  Alle:

Sofort im Anschluss daran spielt und spricht die Leitung – wieder ganz alleine! – einen neuen Rhythmus, der wieder von allen wiederholt wird. Dies kann sich so lange fortsetzen, wie Freude und Konzentration der Gruppe es zulassen. Nach dem letzten Rhythmus empfiehlt es sich, nochmal gemeinsam einen Trommelwirbel zu spielen, um die Spielphase mit einem guten und deutlichen Abschluss zu beenden.

Umsetzungstipps

- Wichtig für das gute Gelingen dieses Spiels ist, dass die Rhythmen immer die gleiche Gesamtlänge aufweisen (z.B. 2 Takte im 2/4-Takt), da sonst die Eindeutigkeit in diesem Wechselspiel verloren geht.
- Zunächst immer Sprach- und Trommelebene gleichzeitig ausführen: Die Sprache hilft den Kindern bei der Aufnahme der Rhythmen enorm. Läuft das Wechselspiel gut, kann die Sprachebene auch mal weggelassen werden. Es erklingt dann ein rhythmisches Hin und Her der Trommeln.
- Kinder lieben Phantasiesprache.
  Beim Vormachen deshalb auch mal auf Phantasiesilben, -laute und -geräusche wechseln!
- Variation: Die Rhythmen nicht ausschließlich auf der Trommel spielen, sondern auch mal körperperkussive Elemente (Klatschen, Patschen, Schnipsen etc.) einbauen.

Vorschläge für Wechselspielrhythmen

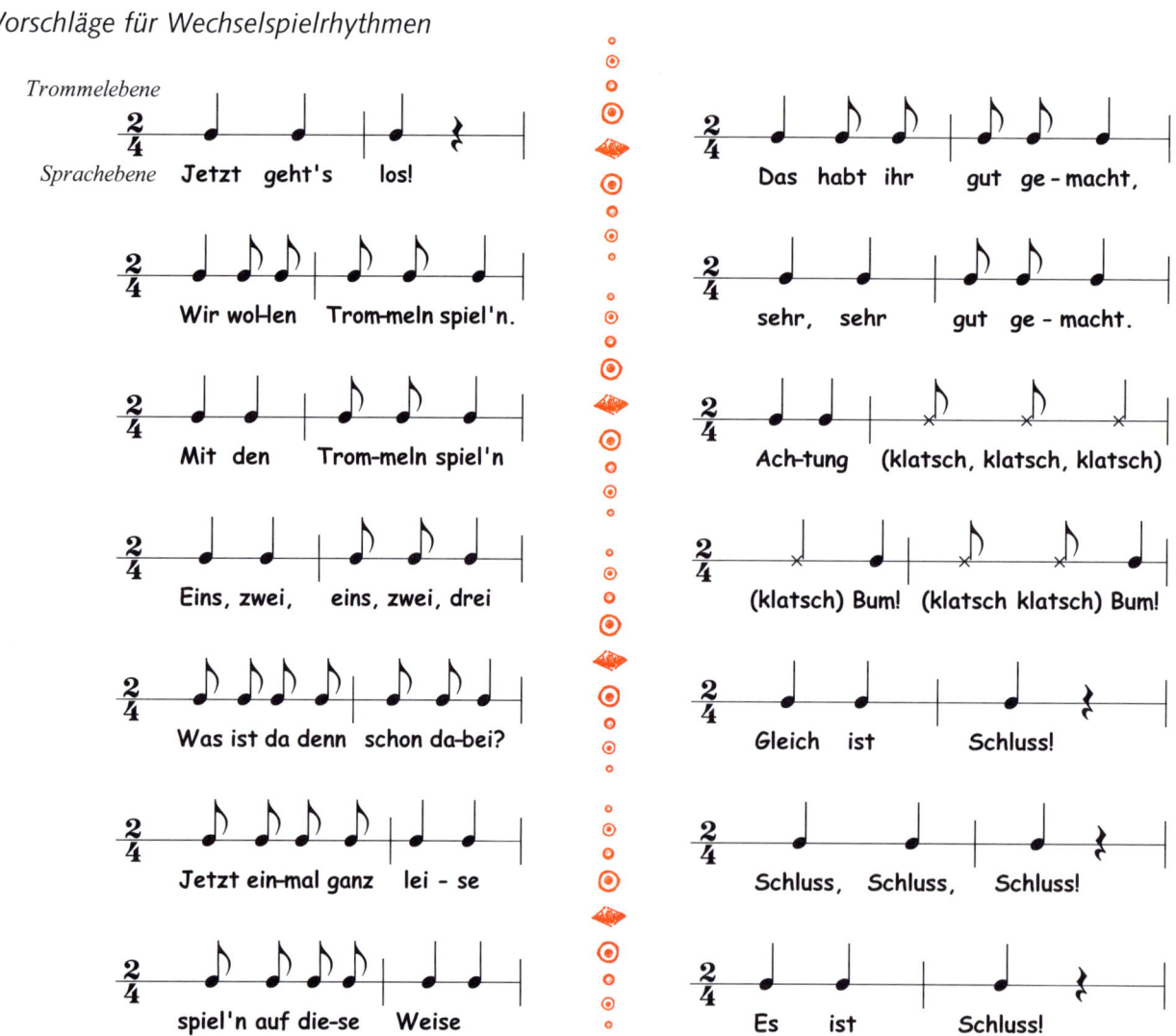

e) Töne im Kreis wandern lassen

Bei diesem Spiel geht es darum, ein gleichmäßiges Pulsieren von Tönen zu erreichen, die im Kreis herumwandern. Das Gefühl für ein gleichmäßiges Pulsieren ist elementare Voraussetzung dafür, später auch schwierigere Rhythmen spielen zu können. Zudem ist dieses Spiel für Kinder interessant, weil jeder Einzelne mit seinem Klang mal ganz alleine an der Reihe ist!

Spielform

Lassen sie die Kinder zunächst frei auf der Trommel ausprobieren, welche verschiedenen Töne sie ihrem Instrument entlocken können. Dann sollen sie sich für eine einzige Schlagmöglichkeit entscheiden, die sie für das nun folgende Spiel verwenden:

- Die Leitung beginnt damit, *einen* Trommelschlag herumgehen zu lassen, d.h. jeweils im Anschluss ist der rechte Sitznachbar mit seinem Schlag an der Reihe.
- Zunächst kann das Tempo der herumwandernden Trommelschläge frei gewählt werden. Nach einer Zeit soll aber eine Gleichmäßigkeit in die Abfolge der Schläge hineinkommen, so dass sie sich „wie ein Herzschlag" anhören.
- Die Gleichmäßigkeit wird den Kindern leichter fallen, wenn dazu übergegangen wird, dass jedes Kind zwei Schläge ausführen darf *(rechte + linke Hand)*.

Natürlich kann dieses Spiel auch so erweitert werden, dass man irgendwann eine ganze Abfolge von Tönen herumgehen lässt und alle darauf hören, ob die Abfolge sauber weitergeleitet wird.
Eine weitere Variationsmöglichkeit: Nicht nur ein Ton (oder eine Tonfolge) wandert im Kreis herum, sondern es wird gleichzeitig noch ein zweiter auf den Weg geschickt! Diese Spielerweiterung ist aber erst sinnvoll, wenn sich in der Gruppe ein sicheres Gefühl für das gleichmäßige Pulsieren der Töne entwickelt hat.

f) Dirigent und Orchester

Dies ist wohl das „afrikanischste" unter den „Drauflostrommel"-Spielen, denn es verbindet auf direkte Weise Tanz, Bewegung und rhythmisches Trommelspiel miteinander: Erstaunlicherweise sind selbst Kindergartenkinder schon in der Lage, es zu spielen und gut auszuführen. Die Spielidee ist ganz einfach: Es gibt einen Dirigenten, der in der Kreismitte das gesamte Trommelorchester dirigiert, und zwar mit den Füßen!

Spielform

Der Dirigent steht in der Kreismitte, und alle Trommelspieler gucken genau auf seine Füße. Setzt sich der Dirigent in Bewegung, spielen alle genau in dem Rhythmus bzw. der Art, in dem sich seine Füße bewegen. Das kann sehr unteschiedlich sein:

einfaches Gehen – heftiges Stampfen – schnelles Trippeln – rhythmische Abfolgen – Reiben auf dem Boden – tanzender Rhythmus – Schleichen wie eine Raubkatze – beidbeiniges Springen usw.

Das Erstaunliche an diesem Spiel ist, dass es völlig ohne Worte auskommt und doch sofort eine hohe Eindeutigkeit und Exaktheit in der Umsetzung vorhanden ist. Die Verbindung und das Wechselspiel zwischen Bewegung und Musik ist unmittelbar, und manchmal ist den Dirigenten in der Mitte nicht mehr klar, ob sie nun das Orchester dirigieren oder das Orchester etwas für sie vorgibt.

Umsetzungstipps

- Als Leitung zunächst selbst eine Weile den Dirigentenpart übernehmen, um nachfolgenden Dirigenten Ideen für nachvollziehbare und gleichzeitig vielfältige Bewegungsmöglichkeiten zu geben. Dann dürfen auch die Kinder Dirigent sein!

- Einige Kinder sind sofort wunderbare Dirigenten, denen das Orchester gut folgen kann; andere Kinder neigen dazu, zu schnelle und nicht nachvollziehbare Wechsel in ihre Bewegungen einzubauen. Hilfestellung: „Bleib mal eine Weile bei einer Bewegungsart!"

- Als Variation ist es möglich, auch mal mit den Händen zu dirigieren (= „europäischer Dirigent").

Spieltechniken auf der Trommel

Eine Trommel ist kein starres Rhythmusinstrument. Trommeln können je nach Spielart die unterschiedlichsten Töne entlockt werden. Bei den bisher beschriebenen Übungen und Spielformen werden Sie festgestellt haben, wie kreativ und erfinderisch Kinder sein können, ihre eigenen Spielarten zu entwickeln. Dennoch ist es sinnvoll und wichtig zu wissen, welche Basis-Spieltechniken es beim Trommelspiel gibt und wie sie am leichtesten erlernt werden können:

Bass / Doppelbass

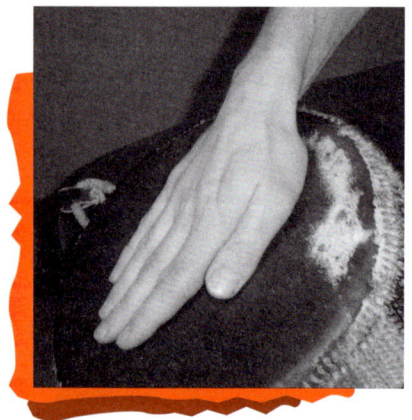

Der tiefste und bassigste Ton, den eine Trommel hervorbringen kann, erklingt, wenn mit der flachen, geschlossenen Hand in die Mitte des Trommelfells geschlagen wird. Dies erfolgt in der Regel mit einer Hand (B = Bass), kann bei einigen Rhythmen aber auch mit beiden Händen (BB = Doppelbass) ausgeführt werden.

Es empfiehlt sich – zunächst im langsamen Tempo – mit der rechten und linken Hand im Wechsel zu üben. Dabei hilft es, wenn dazu gesprochen wird: „Bass" – „Bass" – „Bass" – „Bass". Achten Sie darauf, dass Unterarm und Handfläche eine Linie bilden, das Handgelenk also gerade ist. Es wird nicht mit viel Kraft geschlagen. Arm und Hand werden locker und geradlinig auf die Trommel herabgeführt. Die Schlaghand kann nach dem Schlag kurz auf dem Trommelfell liegenbleiben, sich sozusagen „ausruhen". Dies fördert eine ruhige und entspannte Spielweise und ergibt klanglich einen kurzen, rhythmisch prägnanten Basston.

Offener Schlag (Open, Tom)

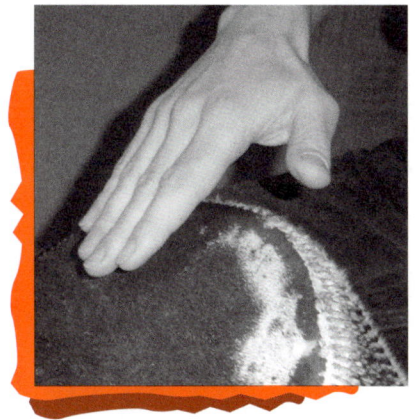

Der offene Schlag (= O) wird auf dem Rand der Trommel ausgeführt und klingt – wie der Name schon andeutet – offen und hell. Ausgehend von einem Bassschlag muss die Spielhand für den offenen Schlag so weit Richtung Trommelrand versetzt werden, dass nur noch die Finger und ca. 1 cm des Handballens auf dem Fell liegen (siehe Foto). Die Finger der Hand sind auch bei diesem Schlag geschlossen, Unterarm und Hand bilden weiter eine Linie.

Es sollte sofort wieder mit beiden Händen im Wechsel geübt werden: rechts – links – rechts – links. Die Schläge werden locker und doch mit einer gespannten Wachheit aus dem Unterarm heraus ausgeführt. Die Spielhand bleibt beim offenen Schlag nicht auf dem Trommelfell liegen, sondern federt sofort nach dem Schlag ein wenig zurück. Das Fell soll ja frei und offen schwingen können.

Bei sehr kleinen Trommeln kann es schon reichen, nur die Finger oder sogar nur die ersten beiden Fingergelenke auf dem Fell aufkommen zu lassen. Je nach Trommel findet man aber nach kurzem Spiel meist selber heraus, wo der offene Schlag am besten und vollsten klingt.

Slap

Der Slap (= S) klingt so, wie er heißt: Kurz, schnappend, ja, fast knallend ist sein Klang. Einen perfekten Slap zu spielen erfordert viel Übung und ist in der Arbeit mit Kindern nicht vorrangiges Ziel. Es lohnt sich aber trotzdem, diese Schlagtechnik mit Kindern zu erarbeiten, denn selbst bei nicht perfekter Ausführung dieses Schlages entsteht im Ergebnis ein Klang, der sich nochmal deutlich vom Bass und vom offenen Schlag unterscheidet!

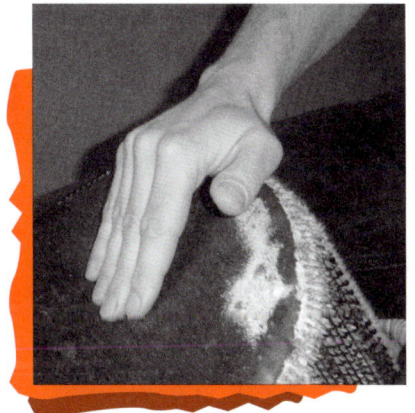

Im Vergleich zum offenen Schlag wird die Spielhand beim Slap wieder etwas zur Mitte des Fells geführt, so dass der weiche Handballen auf dem Trommelrand aufliegt. Aus dieser Stellung nehmen wir den Unterarm ca. 25 cm nach oben, wobei die Hand – wie bei einem pfötchengebenden Hund – ganz locker herunterhängt. Die eigentliche Schlagbewegung beginnt mit einem Hochführen der Hand, die aber weiterhin locker sein sollte. Nun geht der Unterarm Richtung Trommel, der Handballen stützt sich auf dem Trommelrand ab; erst dann schnappen die lockergelassenen Finger – genauer gesagt berühren letztlich sogar nur die Fingerkuppen das Fell – mit Tempo aufs Fell herab: „Schnapp!"

Auch der Slap sollte von Beginn an mit Sprachunterstützung und beiden Händen im Wechsel geübt werden: „Slap" (re) – „Slap" (li) – „Slap" (re) – „Slap" (li).

Rhythmen zum Üben und Spielen

Beim Erlernen von Rhythmen mit Kindern empfiehlt es sich immer, Sprache als Merk- und Hilfsinstrument zu benutzen. Auch in Afrika werden komplizierte Rhythmen mit Hilfe von Sprechsilben gelernt. Die folgenden Übungsrhythmen sind deshalb jeweils mit einer Sprachebene als Hilfe notiert. Diese kann weggelassen werden, wenn der Rhythmus sicher sitzt. Über den Noten ist kursiv die Spieltechnik auf der Trommel notiert. Sie finden die Rhythmen als Hilfe zum Üben auf der CD. Einige der Übungsrhythmen sind gleichzeitig Begleitrhythmen für die Lieder und Tänze.

Rhythmusfolgen

Rhythmusfolgen sind mehrere, aneinander gehängte Rhythmen. Es macht Spaß und fordert heraus, sie Stück für Stück zu erarbeiten. Als Hilfe können Sie sich Sprache oder Merksilben dazu ausdenken. Auch die Rhythmusfolgen sind auf der CD zu finden.

Rhythmusfolge 1

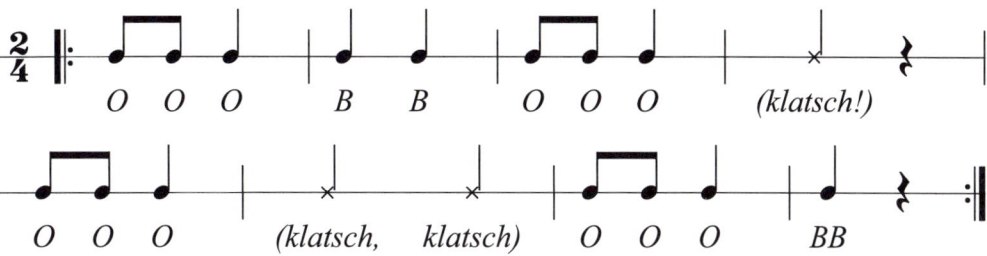

Rhythmusfolge 2

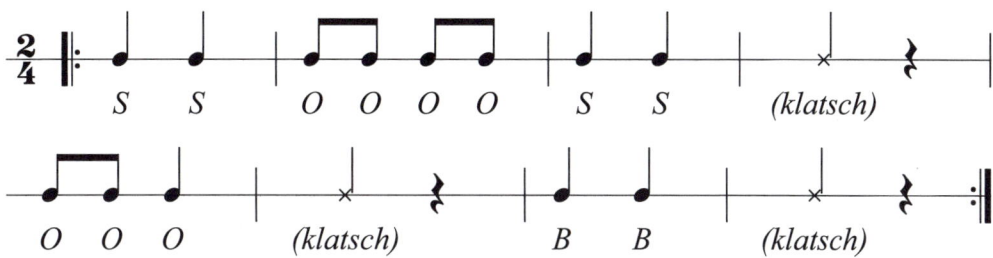

Rhythmusfolge 3

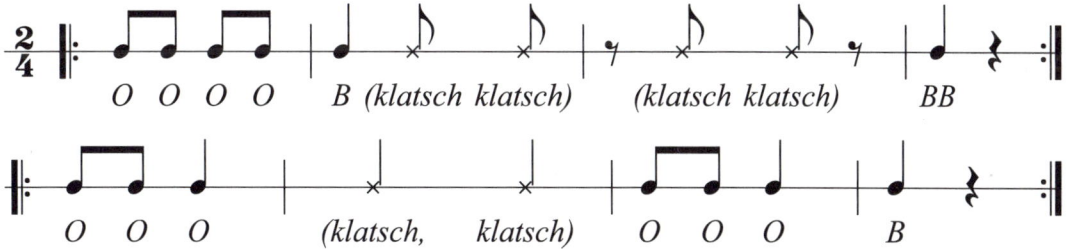

Zusammengesetzte Rhythmen

Das gleichzeitige Spielen verschiedener Rhythmen, also ihre Überlagerung, macht den eigentlichen Reiz und schon eine gewisse Meisterschaft im rhythmischen Spiel aus. Es ist faszinierend, wenn sich aus verschiedenen Einzelrhythmen ein gemeinsamer Gesamtrhythmus aufbaut. Uns Mitteleuropäern fällt es aber in der Regel zunächst recht schwer, eine solche Überlagerung zu verwirklichen und uns durch den entstehenden Gesamtklang nicht irritieren zu lassen. Üben Sie deshalb die zu überlagernden Rhythmen zunächst einzeln, bis sie ganz sicher sitzen. Dann wird die Gruppe geteilt, und es können mehrere Rhythmen überlagert gespielt werden.

Beispiel 1

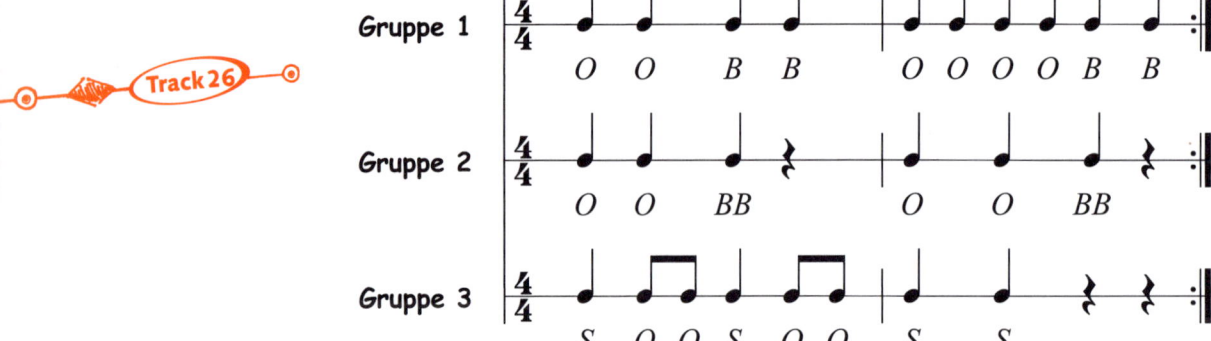

Beispiel 2

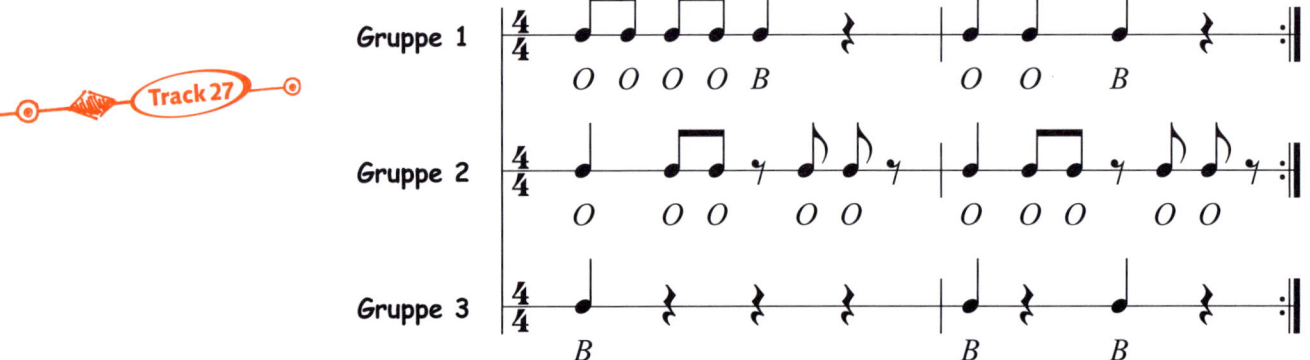

Beispiel 3

Tierkarten-Rhythmen (Rhythmuskarten)

Rhythmuskarten sind eine enorme Hilfe beim Erarbeiten von Rhythmen. Mit ihnen können verschiedenste Rhythmen und Rhythmusfolgen bildlich dargestellt werden. Zudem ist es sogar möglich, mit ihnen eigene Rhythmen zu komponieren! Viele Kinder – aber auch Erwachsene – finden erst durch die Rhythmuskarten einen wirklichen Zugang zur Welt der Rhythmen. Folgende sechs Karten stehen als Rhythmusbausteine zur Verfügung: Löwe, Erdmännchen, Gnu, Krokodil, Riesenschlange und „Pause".

Durch Hintereinanderlegen von 2 oder 4 Karten wird ein Rhythmus erstellt, der zunächst nachgesprochen, dann aber auch mit Instrumenten nachgespielt werden kann. Die Sprachebene dient dabei als Hilfe, die Rhythmen richtig zu erfassen.

Die gelegten Tierkartenrhythmen werden natürlich immer „im Kreis gespielt", also ständig wiederholt. Nach einigen Durchgängen wird man die Hilfe der Sprache immer weniger benötigen; der Rhythmus erklingt dann nur durch die Instrumente. Je jünger die Kinder sind, desto mehr hilft es ihnen, Rhythmen, die sie spielen, auch gleichzeitig laut zu sprechen (1. und 2. Klasse). Älteren Kindern (ab ca. 3. Klasse) fällt es leichter, die Sprache als Hilfe nur noch im Geiste zu verwenden.

Einige der oben notierten Rhythmen sind Begleitrhythmen für die in diesem Buch notierten Lieder und Tänze, können also mit der Methode der Tierkarten anschaulich erarbeitet werden!

Die Tierkarten finden Sie als Kopiervorlagen am Ende des Buches.

Spielformen mit den Tierkarten

Mit Hilfe der Tierkarten können zahlreiche Spiel- und Übungsformen gestaltet werden. Im Umgang mit den Karten werden Sie (und die Kinder!) bestimmt eigene Ideen entwickeln. Hier einige in der Praxis bewährte Beispiele:

a) Rhythmen erfinden
Eigene Rhythmen zu erfinden ist mit Hilfe der Tierkarten ganz einfach. Nach dem Zufallsprinzip können zunächst 2 (oder 4) Karten hintereinander gelegt werden, z.B.:

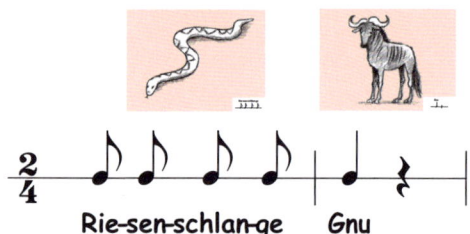

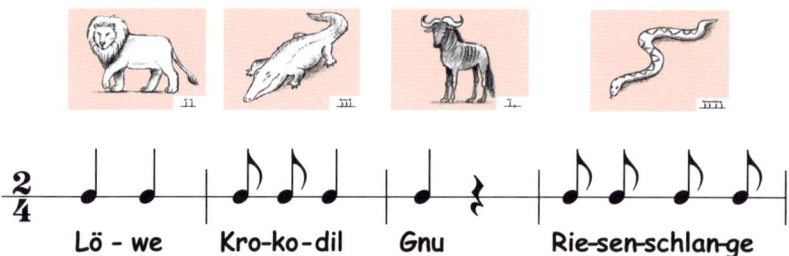

Durch Sprechen und/oder Spielen wird dann ausprobiert, wie der entstandene Rhythmus klingt, und zwar so, dass jeder Rhythmus jeweils im Kreis gespielt, also viele Male wiederholt wird. Alle Rhythmen, die so entstehen, haben ihre Berechtigung und werden reizvoll klingen. Schnell werden die Kinder aber auch dahin kommen, eine ganz bestimmte Rhythmusfolge legen zu wollen, die besonders gut oder stimmig klingt. Es darf probiert werden!
Vom Schwierigkeitsgrad her werden Sie feststellen, dass die Rhythmen „Löwe", „Gnu" und „Krokodil" sehr leicht von den Kindern umgesetzt werden. Die Rhythmen „Riesenschlange", „(Pause)" und „Erdmännchen" sind dagegen schon anspruchsvoller und sollten dementsprechend erst nach und nach eingeführt und verwendet werden.
Spielt man allerdings den hier als zweiten notierten Rhythmus, so wird man feststellen, dass sich nach mehrmaligem Wiederholen der Eindruck einstellt, der Rhythmus würde nach „Gnu" enden und nicht nach „Riesenschlange". Das ist kein Zufall: Der eine Schlag bei „Gnu" klingt immer nach einem Abschluss, und deshalb wird der Rhythmus stimmiger klingen, wenn Sie ihn in folgender Weise verändern („Riesenschlange" von hinten nach vorne legen):

Kreisrhythmen legen

Diese Spielform passt sehr gut zum Wesen afrikanischer Musik, denn hier wird besonders deutlich, was es heißt, Rhythmen und Lieder „im Kreis" zu spielen / zu singen.

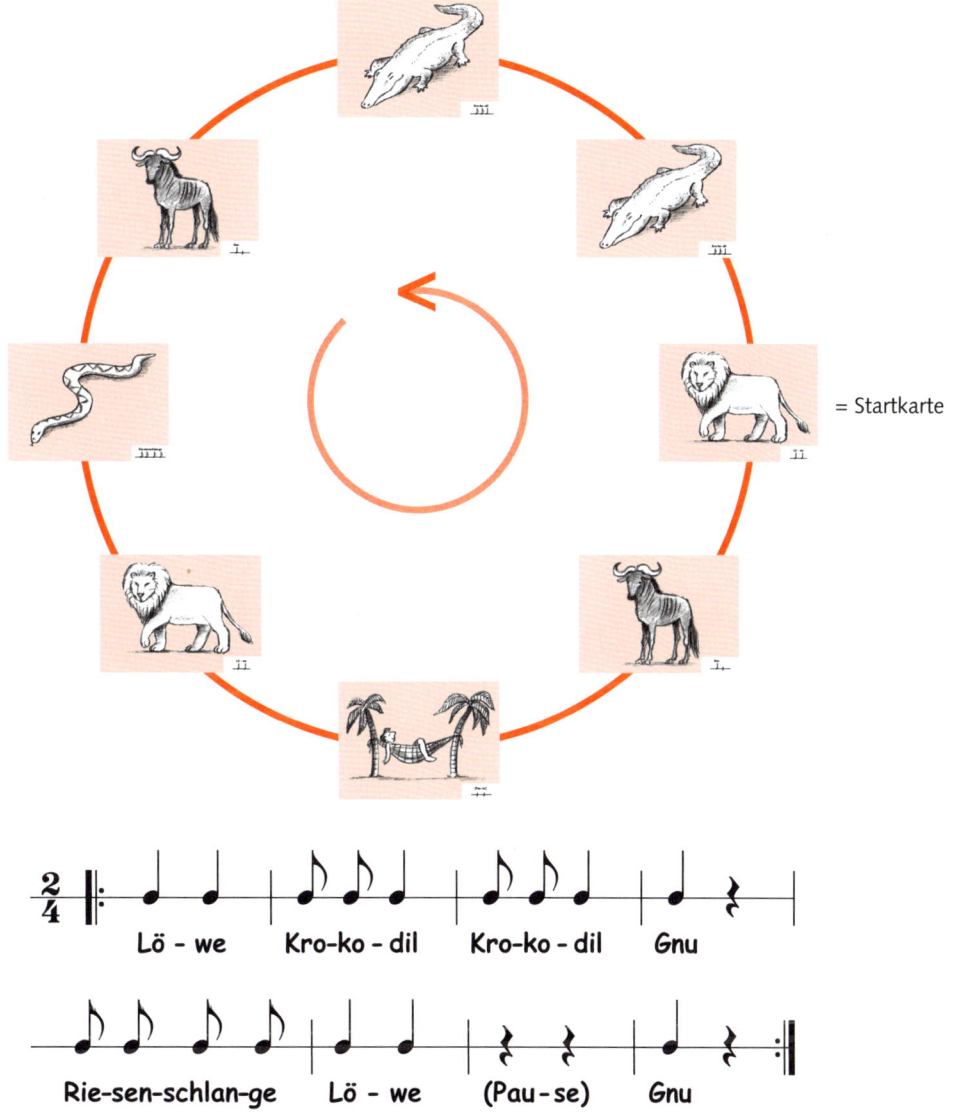

Legen Sie 6 oder 8 Karten zu einem Kreis aus und einigen Sie sich auf eine Startkarte. Nun kann von der Startkarte ausgehend ein Rhythmus gesprochen werden, der mit seinem Ende nahtlos in einen neuen Anfang übergeht! Auch hier gilt wieder: zunächst den Kreisrhythmus nur sprechen, dann versuchen, ihn auch auf Instrumente zu übertragen.

Rhythmen erraten
Spielen Sie auf einem Rhythmusinstrument einen Tierkartenrhythmus von 2 oder 4 Karten Länge. Nun sollen die Kinder hörend herausfinden, um welche Folge von Tierkarten es sich handelt.
Natürlich können auch Kinder sich Rhythmen überlegen und diese erraten lassen.

Mit Rhythmen durch den Raum gehen
Alle Kinder ziehen verdeckt eine Tierkarte und sollen den entsprechenden Rhythmus auf einem Rhythmusinstrument spielen. Die Mitspieler verteilen sich dafür kreuz und quer im Raum. Auf ein Startsignal hin spielen alle Kinder ihren Rhythmus und gehen suchend und hörend durch den Raum. Wer auf ein Kind mit dem gleichen Rhythmus stößt, tut sich mit diesem zusammen. Das Spiel endet, wenn alle Kinder ihre Rhythmusgruppe gefunden haben.

In Gruppen spielen
Setzen Sie die Kinder mit Rhythmusinstrumenten in zwei Gruppen. Vor jeder Gruppe wird ein Rhythmus bestehend aus 4 Tierkarten ausgelegt. Dann übt jede Gruppe zunächst einzeln ihren Rhythmus, bis sie ihn sicher beherrscht.

Nun können beide Gruppen ihre Rhythmen gleichzeitig – also übereinander – spielen. Als Hilfe sollte dabei durch Dirigieren (oder durch ein deutlich hörbares Instrument) ein gleichmäßiger Puls vorgegeben werden.
Natürlich ist es auch denkbar, drei oder vier verschiedene Rhythmen übereinander zu lagern. Dies sollte aber nur bei guter Vorerfahrung und Übung versucht werden.

Analogien finden
Sind die Kinder mit den Tierkarten gut vertraut, versuchen Sie mal gemeinsam Analogien aus anderen Sprachbereichen für die Tierrhythmen zu finden. Welchem Tierrhythmus entspricht mein eigener Name? Können alle Rhythmen der Tierkarten durch Vornamen (oder: Lieblingsspeisen / Blumen / Gemüsesorten ...) ersetzt werden?

In Sprache ist Rhythmus angelegt, so sollte das eigentlich möglich sein. Beispiel:

Tierkarten	Vornamen	Lieblingsspeisen
Lö-we	Pau-la	Piz-za
Gnu	Tom	Brei
Kro-ko-dil	Mi-cha-el	Sah-ne-eis
Rie-sen-schlan-ge	Ka-tha-ri-na	Kohl-rou-la-de
Erd-männ-chen	Brun-hil-de	Blau-bee-ren

Rhythmen im ganzen Körper

Rhythmus und Tanz sind – nicht nur in Afrika – eng miteinander verbunden. So verwundert es nicht, dass es zahlreiche Übungen und Spiele gibt, in denen Rhythmen tänzerisch mit dem ganzen Körper erfahren werden. Das macht viel Freude und stellt gleichzeitig eine Möglichkeit dar, Rhythmus- und Musikempfinden zu schulen und die eigene Beweglichkeit zu erleben. Hier einige Vorschläge:

a) „1" – „2" – „3" – „action!"

Im Kreis stehend stampfen die Füße gleichmäßig auf den Boden, und alle Teilnehmenden zählen dabei: „1" – „2" – „3" – „4". Nach einigen Durchgängen beginnt die Leitung, bei „4" statt des Zählens eine Bewegung mitsamt Phantasielaut vorzumachen, z.B. die Hände in die Luft strecken und dabei „Hey" rufen. Bei der nächsten „4" macht die ganze Gruppe diese Bewegung und den Laut nach. Im nächsten Durchgang denkt sich die Leitung etwas Neues aus, das dann wieder von allen imitiert wird.

Nach einigen Durchgängen ist nun jeweils der rechte Nachbar dran, sich bei „4" etwas Neues auszudenken, was dann alle aufnehmen. Jeder im Kreis kann etwas anderes erfinden, bis alle einmal (oder auch mehrmals) an der Reihe waren.

b) Kumba lulu – Lockerungstanz

„Kumba lulu" ist ebenfalls ein Wechselspiel zwischen einem, der etwas vorspricht und vortanzt, und der ganzen Gruppe. Die Redewendung kommt aus der Sukuma-Sprache in Tansania, und die Bewegungen, die zu dem Sprechgesang gemacht werden, sollten etwas mit den Wortbedeutungen zu tun haben:

kofi salanga = denken
lati kawisa = sehen
kumba lulu = Kraft entfalten (im ganzen Körper)

Die einzelnen Zeilen werden rhythmisch im Wechselgesang von Leitung und Gruppe zweimal gesprochen, wobei in der dritten Zeile die Stimme bei „kum-ba" nach oben gezogen wird:

Derjenige, der vorsingt, denkt sich jeweils eine passende Bewegung aus, die er vorgibt und die von allen aufgenommen wird. Je öfter man diesen kleinen Sprechgesang zur Aufwärmung mit den Kindern durchführt, desto sicherer und kreativer werden sie darin, selber passende Bewegungen zu kreieren.

Um die Hemmschwelle für die Kinder zu verringern, kann auch vereinbart werden, das Call-Response-Prinzip beim Sprechgesang zu durchbrechen: Dann singen immer alle gemeinsam und es sind nur die Bewegungen, die jeweils einer alleine vorgibt!

c) Rhythmustänze

Rhythmustänze bestehen aus einer Folge von verschiedenen Tanzteilen, bei denen man sich selbst durch Sprache und Körperinstrumente begleitet. Die Tanzteile sollten zunächst einzeln gut einstudiert werden, bis man sie schließlich zu dem vollständigen Rhythmustanz verbindet. Die Sprachebene ist jeweils unter den Noten notiert. Die Tanz- und Bewegungsebene steht in kursiver Schrift über den Noten.

Rhythmustanz 1

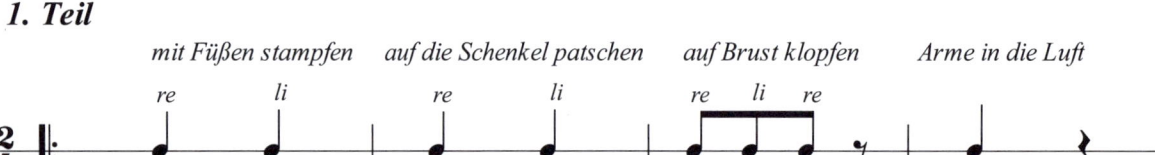

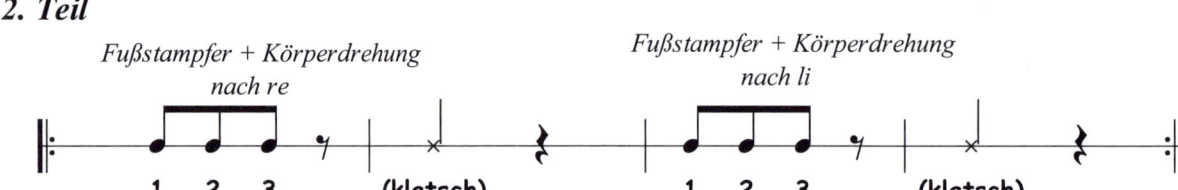

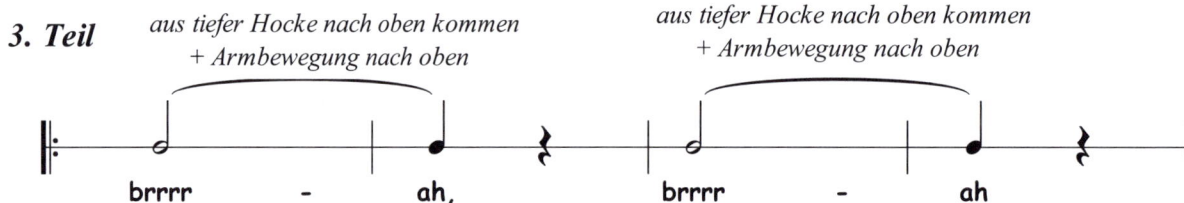

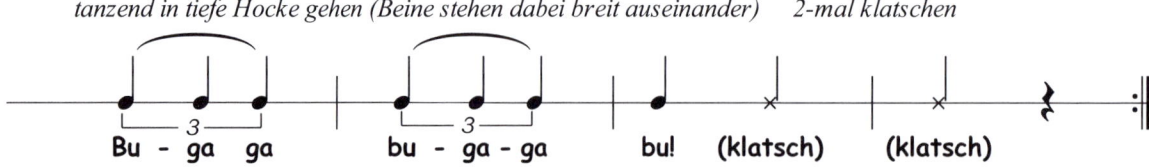

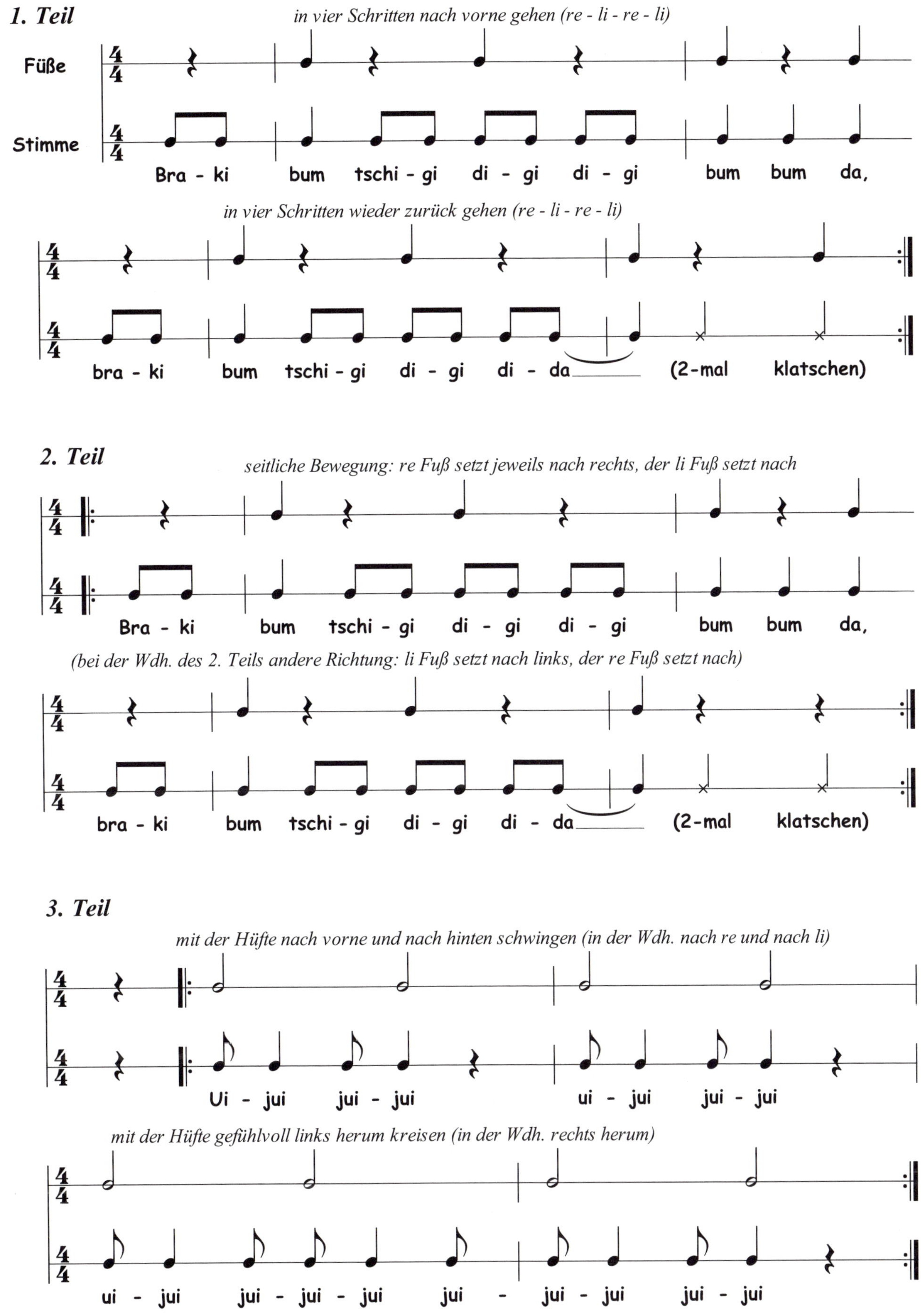

Rhythmustanz 2

1. Teil

in vier Schritten nach vorne gehen (re - li - re - li)

Füße

Stimme

Bra - ki bum tschi - gi di - gi di - gi bum bum da,

in vier Schritten wieder zurück gehen (re - li - re - li)

bra - ki bum tschi - gi di - gi di - da___ (2-mal klatschen)

2. Teil

seitliche Bewegung: re Fuß setzt jeweils nach rechts, der li Fuß setzt nach

Bra - ki bum tschi - gi di - gi di - gi bum bum da,

(bei der Wdh. des 2. Teils andere Richtung: li Fuß setzt nach links, der re Fuß setzt nach)

bra - ki bum tschi - gi di - gi di - da___ (2-mal klatschen)

3. Teil

mit der Hüfte nach vorne und nach hinten schwingen (in der Wdh. nach re und nach li)

Ui - jui jui - jui ui - jui jui - jui

mit der Hüfte gefühlvoll links herum kreisen (in der Wdh. rechts herum)

ui - jui jui - jui - jui jui - jui - jui jui - jui

Christoph Studer · Benjamin Mgonzwa — JAMBO AFRIKA © FIDULA

Instrumentenkunde: Afrikanische Musikinstrumente

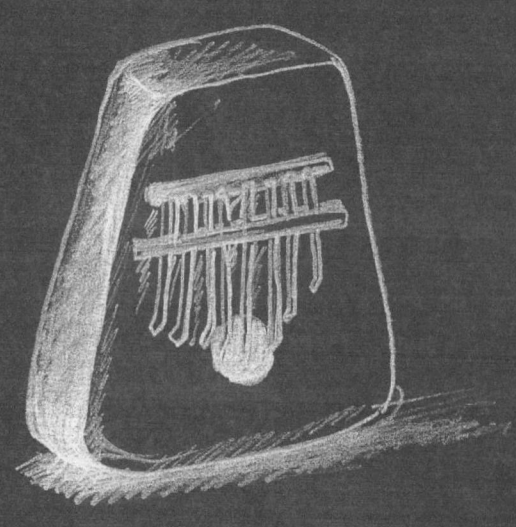

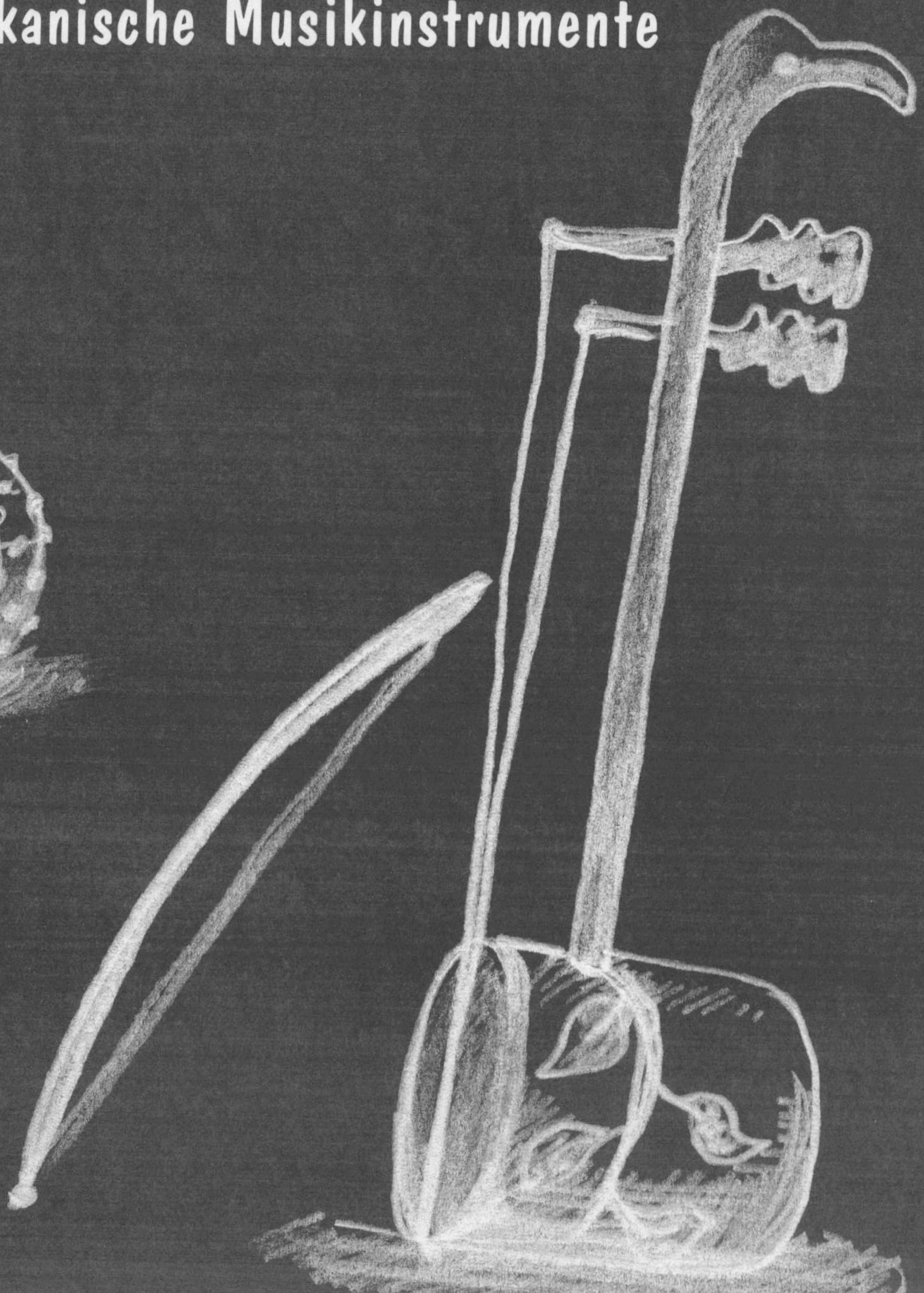

Fragt man in Europa Kinder, welche afrikanischen Musikinstrumente sie kennen, so kommt es meist wie aus der Pistole geschossen: „Trommeln". Einigen fällt nach kurzem Überlegen vielleicht noch „Rasseln", „Xylophone" und „Flöten" ein. Die Vielfalt an Instrumenten in Afrika ist jedoch ungleich größer. Im Folgenden sollen – ohne Anspruch auf Vollständigkeit – die wichtigsten Instrumentengruppen vorgestellt werden.

Daumenklaviere (Kalimba, Sansa, Mbira, Ilimba, ...)

Daumenklaviere sind kleine Instrumente mit Klangzungen aus Stahl, die auf einem aus Holz oder Kalebassen gefertigten Resonanzkörper befestigt sind. In beiden Händen gehalten, wird das Instrument durch Anzupfen der Klangzungen mit den Daumen gespielt. Durch Heraus- und Hineinschieben der Klangzungen kann jeder Ton exakt gestimmt werden, so dass rhythmisches wie melodisches Spiel möglich ist. Um das afrikanische Klangideal eines vielschichtigen Tones zu erzeugen, sind häufig auf den Klangzungen kleine Blechhülsen oder ähnliche Konstruktionen angebracht, die den Ton verstärken und ein leichtes Schnarren erzeugen.

Daumenklaviere gibt es nur auf dem afrikanischen Kontinent. Dort wiederum sind sie in verschiedensten Ländern unter ihren jeweiligen afrikanischen Namen bekannt: In Südafrika heißen sie „Sansa", in Ostafrika „Ilimba" oder „Marimba ya mikono", in Simbabwe, wo Daumenklaviere stark verbreitet sind, heißen sie „Mbira" und in Westafrika „Kalimba". Das besondere der afrikanischen Spieltechnik auf diesem Instrument besteht darin, dass mit dem rechten und linken Daumen so schnell rhythmisch-melodische Abfolgen gespielt werden, dass im subjektiven Höreindruck mehrere melodische Linien gleichzeitig entstehen. Musiker wie Francis Bebé und Hukwe Zawodse haben dem Instrument auch in Europa zu einer ersten Bekanntheit verholfen.

Tipp
Für die Grundschulpraxis ist dieses Instrument durchaus interessant, denn es gibt Daumenklaviere auch in kleinen Ausführungen, die leicht von Kindern zu spielen sind. Der geheimnisvolle Klang und die leichte, spontane Spielbarkeit eröffnen diesem Instrumententyp viele Einsatzmöglichkeiten, z.B. die klangliche Untermalung von Geschichten und Theaterstücken.

Daumenklaviere erklingen auch mehrfach auf der CD (Instrumentalstücke Nr. 7 und 20 sowie Nr. 10, 14, 18).

Trommeln (Djembé, Ngoma, Kpanlogo, Dundun, Bougarabou ...)

Trommeln gehören zweifellos zu den wichtigsten Instrumenten in der afrikanischen Musik und es gibt sie in fast unzählig vielen Variationen und Ausführungen.
Den höchsten Bekanntheitsgrad haben in Europa die westafrikanischen Djembé-Trommeln erreicht (siehe Abb. S. 76): Ihre charakteristische, zunächst bauchig zulaufende, dann wieder leicht auseinandergehende Form verleiht ihnen im Zusammenhang mit einer in Schnurspannung vorgenommenen Ziegenfell-Bespannung ihren unverwechselbaren Klang. Tiefe, kraftvolle Bässe, sowie fast metallern scharfe offene und Slap-Töne machen das Klangspektrum der Djembé aus. Djembés werden in Westafrika selten alleine gespielt, sondern im Gesamtensemble von Basstrommeln, Glocken sowie Rasseln begleitet. Für die Arbeit mit Kindern sind Djembés allerdings nur bedingt geeignet, da ihr

dünnes Ziegenfell relativ leicht reißen kann und mehrere Djembés in Klassenräumen eine sehr bachtliche Lautstärke entfalten.

Sogo

Kpanlogo

Djembé

Bougarabou

Monkey-scare
(Affenscheuche)

Dundun

Udu-Trommel
(aus gebranntem Ton mit bassartigem Klang)

Fast allen afrikanischen Trommeln ist gemeinsam, dass ihr Trommelkorpus *aus einem Stück Holz* gefertigt ist und ein Fell aus Tierhaut als Bespannung verwendet wird. Dabei kommen je nach Trommeltyp verschiedenste Hölzer zum Einsatz. Diese werden in Handarbeit ausgehölt und vorsichtig getrocknet, damit der Korpus im Trocknungsprozess keine Risse bekommt. Als Bespannung sind *Rinder-* und *Ziegenfelle* am verbreitetsten. Je nach Region kommen aber auch Antilopen-, Schlangen- und selbst Fischhäute zum Einsatz. *Rinderfelle* sind relativ dick und erzeugen einen warmen, weichen Klang. Sie haben den Vorteil sehr stabil zu sein, so dass sie auch mit Trommelstöcken gespielt werden können und das Fell in der Regel nie ausgetauscht werden muss. Trommeln mit dem viel dünneren *Ziegenfell* dagegen klingen scharf und prägnant, dürfen aber nicht mit Schlägeln gespielt werden, da ihr Fell sonst reißen würde.

Eine Besonderheit stellen die westafrikanischen Dundun-Trommeln (= „Talking Drums" – „sprechende Trommeln") dar. Sie sind so gebaut, dass mit ihnen während des Spiels die Fellspannung – und dadurch die Tonhöhe der Trommel – verändert werden kann. Damit ist der Spieler besonders gut in der Lage, Sprache nachzuahmen, denn viele afrikanische Sprachen sind sog. „Tonsprachen", bei denen sich der Sinn der Worte auch durch die Sprachmelodie erschließt. Dunduns haben einen sanduhrförmigen Korpus und werden beim Spiel unter einen Arm geklemmt. Durch (Arm-) Druck auf die Schnurspannung können die unterschiedlichen Tonhöhen und auch kleine Glissandi erzeugt werden.

Das Beispiel der Dunduns verdeutlicht gut, dass Trommeln nicht reine Rhythmusinstrumente sind, sondern ihr Klang auch eine Tonhöhenkomponente aufweist. Spielen mehrere Trommeln in einem Ensemble zusammen, entstehen somit nicht nur rhythmische, sondern auch melodische Figuren. Die dafür verwendeten Trommeln werden in ihren Tonhöhen sorgfältig aufeinander abgestimmt. Dabei gilt: In die Nähe des Feuers gehalten, steigt die Fellspannung und somit die Tonhöhe einer Trommel an; mit etwas Wasser bzw. einer dauerhaft auftragbaren Stimmpaste behandelt, lässt die Fellspannung und damit die Tonhöhe nach.

Tipp
Bei der Beschaffung von Trommeln für die Arbeit mit Kindern sollte man:

- stabile (= dickere) Felle wählen, um Schäden zu vermeiden
- vor allem kleine Trommeln wählen, die die Kinder gut zwischen den Beinen halten können
- ruhig unterschiedliche Trommeln miteinander kombinieren; dadurch entstehen eine breite Klangvielfalt und viele Variationsmöglichkeiten im gemeinsamen Trommelspiel.

Trommeln können für Schulzwecke natürlich auch selber hergestellt werden (siehe Bauanleitungen S. 88, 89 und S. 90, 91).

Rasseln (Shékere, Caxixi, Kayamba, Manyanga, ...)

Genau wie Trommeln findet man auch Rasseln in fast allen Teilen des afrikanischen Kontinents und in vielen unterschiedlichen Ausführungen. Im Ensemblespiel bildet der hohe, prägnante Klang von Rasselinstrumenten eine gute Ergänzung bzw. einen Kontrapunkt zu dem eher gedämpften und bassigen Klang der Trommeln.

Traditionell werden Rasseln in Afrika aus reinen Naturprodukten hergestellt. Der Rasselkörper besteht z.B. aus getrockneten Kürbis- oder Kalebassenkörpern, aus Flechtwerk oder aus Holz. Samenkörner, Steinchen oder Perlen dienen als Füllmaterial. Daneben setzen sich heutzutage auch Rasseln aus verschiedenen Gebrauchs- und Abfallmaterialien durch.

Rasseln sind relativ leicht herzustellen. Für ein exaktes und variantenreiches rhythmisches Spiel erfordert ihre Handhabung allerdings einige Übung. Fast für jeden Rasseltyp gibt es bestimmte Spieltechniken, mit denen richtige Könner Erstaunliches aus den kleinen Instrumenten herausholen.

Eine Sonderform stellen die Rasseln der traditionellen Heiler dar: Ihre Rasseln sind häufig reich verziert und speziell für ihren Zweck geweiht worden. Solch eine Rassel darf von keiner anderen Person als dem Heiler gespielt werden. Mit Hilfe der Rasseln versetzen sich die Heiler in einen tranceartigen Zustand. Diese Trance bildet den Ausgangspunkt, um durch den Kontakt mit anderen Sphären die Ursachen von Krankheiten der Patienten ergründen zu können.

Shékere

westafrikanischer Rasseltyp

Rasselkette (zum Tanzen)

Caxixi

Manyanga

Saiteninstrumente (Kora, Zeze, ...)

Das wichtigste Saiteninstrument Westafrikas ist die *Kora*, ein harfenartiges Instrument mit einem fellbespannten Resonanzkörper und gebogenen Instrumentenhals. Das Instrument wird mit beiden Händen gezupft und zur Begleitung von Geschichten und Liedern eingesetzt. Die Kora ist das Hauptinstrument der westafrikanischen Griots, den traditionellen Sängern, Musikern und Geschichtenerzählern. Die Griots zogen früher mit ihren Instrumenten und Liedern von Ort zu Ort und hatten die wichtige Aufgabe, Informationen, Neuigkeiten und Geschichten über weite Entfernungen zu verbreiten. Aber auch heute hat die Kora mit ihrem prägnanten, unverwechselbaren Klang ihren Platz in der modernen westafrikanischen Musikwelt. Ihre Einsatzmöglichkeiten reichen von der traditionellen Volks- bis hin zur modernen Popmusik.

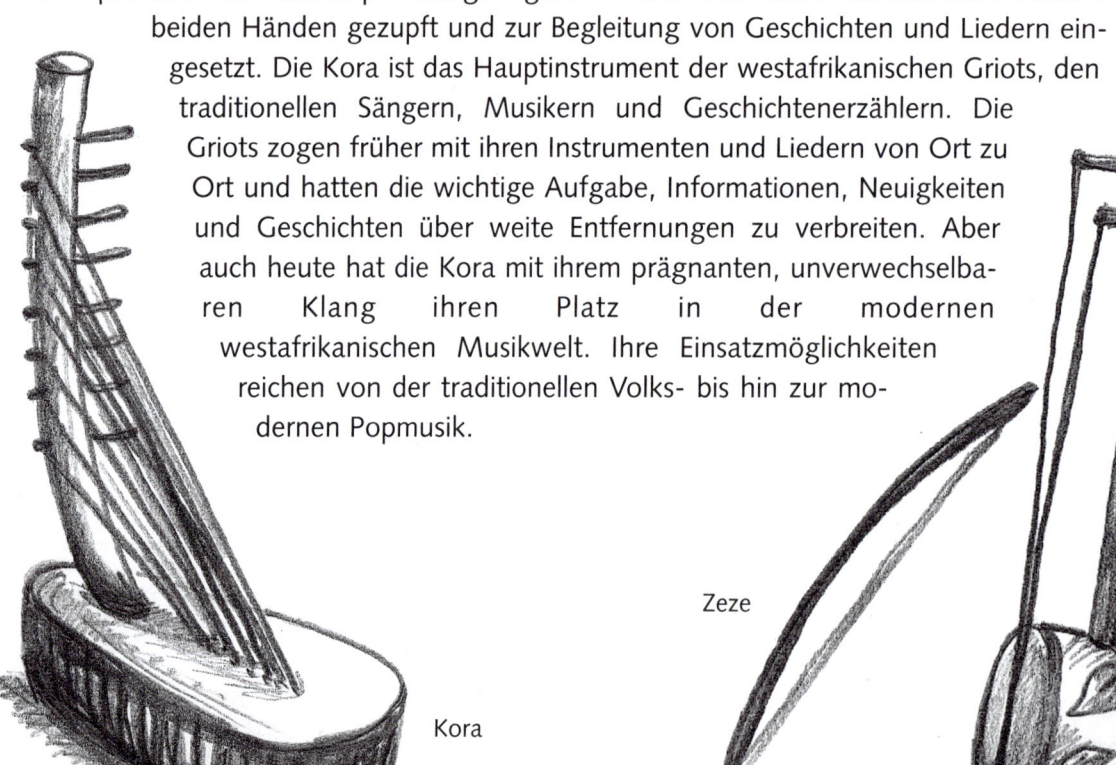

Kora

Zeze

In Ostafrika gibt es mit der *Zeze* ein Saiteninstrument, das wie eine Geige mit einem Bogen gestrichen wird. Zeze heißt „Saite". Das Instrument hat in der Regel 1–4 Saiten, neuerdings sind aber auch Instrumente mit bis zu 16 Saiten entwickelt worden. Aus einem kleinen, mit Ziegenfell bespannten Resonanzkorpus ragt ein gerader Instrumentenhals hervor, an dem die Saiten stimmbar befestigt sind. Ein kleines Holzstückchen überträgt die Schwingungen der Saiten auf das Resonanzfell und sorgt für den klaren, unverwechselbaren Klang. Die Zeze wurde und wird gerne von alten Leuten gespielt, die damit bei den abendlichen Versammlungen der Familien ihre Geschichten und Lieder begleiten.

Tipp
Vielleicht gelingt es Ihnen, einen afrikanischen Musiker mit seinem Instrument in Ihre Schule oder Einrichtung einzuladen. Ein solches Liveerlebnis wird bei Ihnen und den Kindern nachhaltigen Eindruck hinterlassen.

Xylophone (Marimba, Balaphon, ...)

Bei den Xylophonen muss man ebenfalls zwischen einer west- und einer ostafrikanischen Tradition unterscheiden. Die westafrikanischen Xylophone heißen *Balaphone* und sind dadurch gekennzeichnet, dass unter jeder einzelnen Klangplatte ein Kalebassenkorpus zur Verstärkung des Klangs angebracht ist. In die Kalebassenkörper werden zudem ca. 2–3 cm große Löcher geschnitten und mit Kokons verklebt, was zu einer schnarrenden, kazooartigen Verstärkung und Vielschichtigkeit des Tones führt. Gute Balaphonspieler kommen in der Regel aus Musikerfamilien, in denen sie ihr Können und Wissen von ihren Eltern von klein auf vermittelt bekommen.

In Ost- und Südostafrika heißen die Xylophone *Marimbas* und sind – wie unsere europäischen Xylophone – mit einem Holzresonanzkasten oder einzelnen Resonanzröhren versehen. Die Stimmung der Klangplatten hängt natürlich immer von dem regional verbreiteten Tonsystem ab, das früher vor allen Dingen durch verschiedene Pentatoniken (= Fünftonleitern) gekennzeichnet war. Heute findet man aber zunehmend Instrumente vor, die die europäischen Tonskalen (Sieben- bzw. Zwölftonsysteme) adaptiert haben. So z.B. in Südafrika und Simbabwe, wo sich in jüngerer Zeit eine Ensemble-Kultur herausgebildet hat, in der mit einer Vielzahl von Marimbaphonen (Sopran-, Alt-, Bass- und Tenorinstrumente) afrikanische Rhythmuskultur und europäische Chor- bzw. Harmonietradition miteinander verbunden werden.

Tipp
Entfernen Sie mal aus ihrem (C-Dur-) Xylophon die Klangplatten „f" und „h". Schon haben sie eine „afrikanische" Fünftonleiter mit den Tönen „c" „d" „e" „g" und „a"!

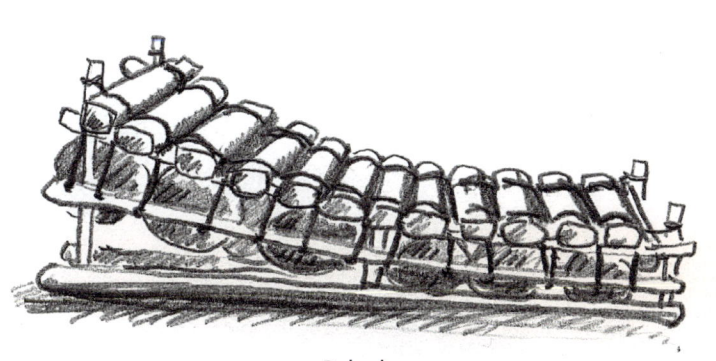

Balaphon

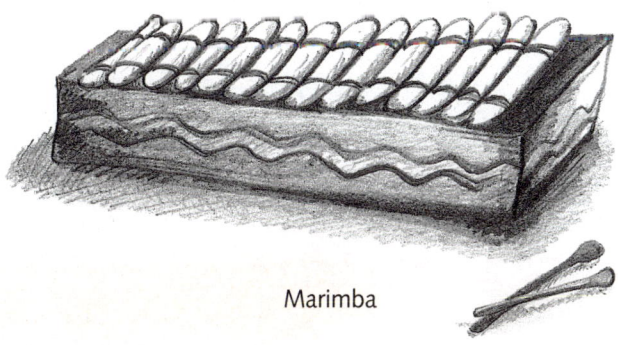

Marimba

Flöten

Auch Flöten sind an vielen Orten auf dem afrikanischen Kontinent zu finden. In der Regel sind sie aus Holz oder Bambus gefertigt und mit Grifflöchern entsprechend der regional üblichen Tonsysteme versehen. Es gibt aber auch lange Stabflöten, die wie eine Querflöte angeblasen werden und keine Grifflöcher aufweisen. Mit ihnen werden Tonfolgen durch Überblasen erzeugt, wodurch die natürliche Obertonfolge als Tonspektrum zur Verfügung steht.

Obertonflöten erklingen auf der CD (Instrumentalstücke Nr. 7 und 16).

Kerbflöte   Obertonflöte

Glocken und Fußschellen

Aus Metall gefertigte Glocken und Fußschellen sind für viele Anlässe unverzichtbar. In Westafrika z.B. gehören *Glocken* als wichtiger Bestandteil zu einem Trommelensemble dazu. Sie werden mit einem Holzstock angeschlagen und erzeugen einen lauten, durchdringenden Ton, der für alle Musiker deutlich vernehmbar ist. Deshalb werden auf ihnen häufig sog. „time-line-patterns" gespielt, rhythmische Formeln, an denen sich alle anderen Musiker in ihrem Spiel orientieren können.

Ein Instrument für Tänzer sind die *Fußschellen*. Fußschellen bestehen aus einer Anzahl kleiner, aus Metall gearbeiteter Glöckchen, die an einem Leder- oder Stoffband befestigt sind und um die Füße – manchmal auch um die Arme oder Hüften – gebunden werden können. Die Schellen unterstützen akustisch die Bewegungen und Akzente, die die Tänzer setzen, und runden so das musikalische Geschehen ab.

Auch breite Tanzgurte für die Hüften findet man in verschiedenen Regionen Afrikas. Ihre Klangerzeuger sind in der Regel nicht aus Metall, sondern aus Naturmaterialien wie Bast, Samen, Muscheln oder getrockneten Früchten gefertigt.

 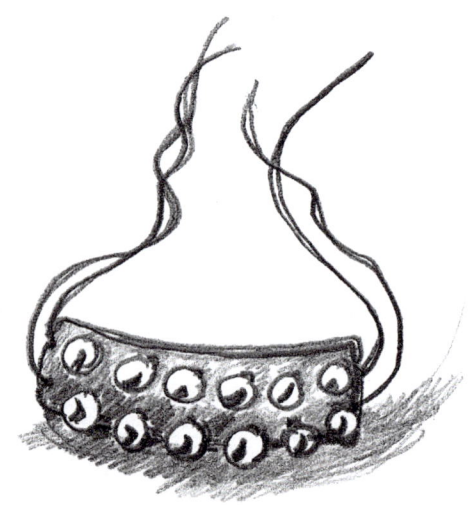

Rasselkette (zum Tanzen)   Fußschellen

Holzschlaginstrumente

Zu den Holzschlaginstrumenten gehören alle Formen von Klanghölzern, Schlitztrommeln und weiteren (meist ausgehölten) Holzinstrumenten, die mit Schlegeln oder Stöcken angeschlagen werden. Aufgrund ihres sehr kurzen, trockenen Klanges sind Holzschlaginstrumente reine Rhythmusinstrumente und werden als solche zur Rhythmusschulung, als Liedbegleitung oder als klangliche Ergänzung im Ensemblespiel eingesetzt.

Tipp
Klanghölzer können sehr schön mit Kindern selber hergestellt werden (siehe Bauanleitung, S. 83).

Claves

Schlitztrommel

Wooden Agogo

Praktisches für die Projektarbeit

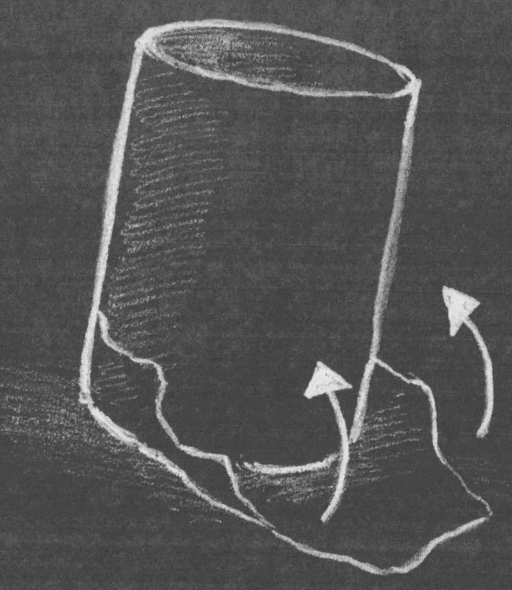

Instrumentenbau-Aktion: Klanghölzer

Hintergrund

Klanghölzer kennen die meisten Kinder schon aus dem Kindergarten. Dort lernen sie auch, dass sie am vollsten und lautesten klingen, wenn sie nur locker auf einer Hand aufliegen und diese dabei einen kleinen Hohlraum bildet. Aber wer weiß schon, dass Klanghölzer eines der ältesten Musikinstrumente überhaupt sind und in allen Kontinenten seit Jahrtausenden Verwendung finden: In Australien sind sie bei den Aborigines ein Begleitinstrument für ihr Didgeridoo-Spiel, in Lateinamerika heißen sie „Claves" (= Schlüssel) und geben im Salsa den Takt vor, und auch in Afrika spielen sie als Rhythmusinstrument eine wichtige Rolle. Für Menschen, die in und mit der Natur leben, liegt es ja auch nahe, sich einfach zwei Stöcke zu nehmen und mit dem Klang zu experimentieren, der entsteht, wenn man sie zusammenschlägt.

Benötigte Materialien / Werkzeuge

- Hartholzäste, ca. 2 cm Durchmesser
- Taschenmesser, Messer
- Holzsägen und Schmirgelpapier
- Stifte, Schnitzmesser oder Brennpeter (zum Verzieren der Hölzer)

Arbeitszeit: ca. 45 Minuten

Bauanleitung

Sich zwei Hölzer zurechtzusägen, klingt zunächst sehr einfach. Wollen wir aber einen richtig guten Klang mit den Klanghölzern erzielen, müssen wir einige Dinge beachten:

1. Jedes Holz klingt anders, wobei tendenziell gilt: Harthölzer klingen klarer und lauter als Weichhölzer.
2. Erst wenn das Holz ganz trocken ist, kann es seinen vollen Klang entfalten.
3. Die Rinde des Holzes muss entfernt werden, denn sie dämpft den Klang.
4. Je dicker der Durchmesser, desto höher der Ton. Und: Je kürzer die Hölzer, desto höher der Ton. Angenehme Tonhöhen ergeben sich bei einer Länge der Klanghölzer von ca. 20 cm und einer Dicke von ca. 2 cm.

Am schönsten ist es natürlich, wenn wir uns die Hölzer im Wald selber suchen. Dabei ist darauf zu achten, dass harte, gerade gewachsene und nicht zu feuchte Stöcke gesammelt werden. Es ist aber auch möglich, Rundhölzer im Baumarkt zu kaufen (z.B. aus Buche) oder alte Besenstiele zu verwenden, die in der Regel auch aus Hartholz gefertigt sind. Sind die Hölzer gut getrocknet, sägen wir sie in ca. 20 cm lange Stücke und entfernen – mit Messern oder den Fingernägeln – sorgfältig die Rinde. Anschließend werden Sägestellen, Flächen und Kanten der Hölzer geschmirgelt bzw. leicht abgerundet. Mit Schnitzmessern, Brennpetern bzw. Lötkolben oder Stiften können nun noch Dekorationen angebracht werden. Auch ein abschließendes Ölen oder Lackieren erhöht den Wert der Hölzer.

Die erste Anwendung – eine Rhythmusübung

Afrikaner sind Meister im Offbeat und im rhythmischen Spielen „in die Lücke hinein". Diese Fähigkeit kann gut mit Hilfe von Klanghölzern geschult werden. Dazu bietet sich die folgende Übungsreihe an:

a) Im Kreis stehend, üben zunächst alle gemeinsam, in einem gleichmäßigen Rhythmus auf der Stelle zu gehen. Mit den Klanghölzern wird dann der Rhythmus der Füße verstärkt, alle spielen also genau im Beat, d.h. mit dem Aufsetzen der Füße zusammen.

b) Alle gehen weiter mit dem Beat in den Füßen. Nun wird aber mit den Klanghölzern genau zwischen den Beat gespielt, also der Offbeat betont.

c) Klappen die Übungen a) und b) gut, kann die Gruppe in zwei Hälften geteilt werden. Alle haben weiter den gemeinsamen Beat in den Füßen, die eine Gruppe spielt mit den Klanghölzern aber jetzt den Beat, die andere den Offbeat.

d) Klappt auch die Übung c) gut, so wird das Tempo gesteigert! Sie werden merken, dass früher oder später alle wieder gleichzeitig spielen, aber es ist spannend zu beobachten, wie lange man „ineinander verzahnt" spielen kann. Und: Je öfter man übt, desto mehr wird nach und nach das Tempo und damit das Rhythmusgefühl gesteigert. Gute afrikanische Musiker halten diese Übung bis zu einer Geschwindigkeit von über 240 Beats pro Minute durch!

Grundschulkinder haben Hölzer von der Rinde befreit, sie auf die richtige Länge zurechtgesägt und verziert.

Reiselied nach Afrika

Hintergrund

Oft ist es schwer, Kindern im Grundschulalter eine wirkliche Idee davon zu geben, wie weit Afrika entfernt ist und was sich bei einem Besuch im Nachbarkontinent so alles ändert: Temperatur, Luft, Gerüche, Sprache, Kultur, Landschaft, Tierwelt – so viel Neues gibt es zu entdecken.

Mit diesem Bewegungslied können sich schon kleine Kinder dem Thema Afrika nähern. Am besten fassen sich alle an den Händen, stellen sich im Kreis auf, und los geht es: Mit Bewegung und Gesang reisen wir gemeinsam nach Afrika!

Reise nach Afrika

Christoph Studer

Kehrvers

mögliche Bewegungsarten:
1. fahren   2. laufen   3. schwimmen   4. hüpfen
5. fliegen   6. stampfen   7. schleichen

Strophen

2. In Afrika lebt der Elefant, und der, der dieses Tier erfand,

   der komme bitte her und reih sich ein, das kann so schwer nicht sein.

   Bewegungsebene: mit den Armen Rüssel formen / mit den Beinen aufstampfen

3. In Afrika gibt's viel Musik, und jedem, der das noch nicht weiß,
   dem raten wir, ob groß, ob klein, komm, reih dich einfach ein.

   Bewegungsebene: Trommler und Flötenspieler nachmachen / „groß" und „klein" zeigen und einladende Geste

4. La la-la-la-la la-la-la, la la-la-la-la la-la-la,
   la la-la-la-la la-la-la, la la-la-la-la-la.

   Bewegungsebene: an den Händen fassen und die Arme im Rhythmus des Liedes schwingen

Umsetzungstipps

- Der Kehrvers wird immer zweimal gesungen. Bei der Wiederholung des Kehrverses setzt *man statt fahren andere Bewegungsmöglichkeiten wie* laufen, schwimmen, hüpfen etc. ein.
- Die Note auf „Wir" am Beginn des Kehrverses lange hinauszögern, bis sich (mit gehobenen Armen) bei allen eine freudige Spannung und Erwartung aufgebaut hat.

Kochen wie in Afrika: Frittierte Kochbananen

Hintergrundinformation: Bananen

Es gibt auf der Welt sehr viele verschiedene Bananentypen. Wir in Europa kennen davon eigentlich nur eine Art: die Obstbananen, die v.a. in Mittelamerika auf Plantagen angebaut und dann zu uns verschifft werden. Dieser Bananentyp spielt in den tropischen Ländern selbst aber nur eine untergeordnete Rolle. In Afrika, Lateinamerika und Asien wird für den eigenen Bedarf v.a. ein anderer Bananentyp angebaut: die *Kochbananen*. Diese werden je nach Art gekocht, frittiert, über dem Feuer gegart oder sogar zu Bier oder Schnaps weiterverarbeitet. Allen Kochbananen ist jedoch gleich, dass sie sehr nahrhaft sind, vor dem Verzehr gekocht oder gebraten werden müssen und wie Kartoffeln, Reis oder Hirse Hauptnahrungsmittel sein können.

Benötigte Materialien / Zutaten

- Kochbananen
- reichlich Öl zum Anbraten
- Salz
- Bratpfannen oder Fritteuse

Arbeitszeit (incl. Vorbereitungen): 30–45 Minuten

Bezugsquellen

Bei uns gibt es mittlerweile in allen größeren Städten Asia- oder Afrika-Shops, in denen man Kochbananen kaufen kann. Kochbananen sind grün, meist noch etwas größer als Obstbananen und verfärben sich erst bei Überreife ein wenig von grün nach gelb.

Zubereitung

Das Schwierigste bei der Zubereitung von Kochbananen ist das Entfernen der Schalen! Diese sitzen nämlich sehr fest auf der Frucht und müssen mit einem Messer heruntergeschnitten werden. In Afrika nimmt man dafür speziell geformte Knochen- oder Holzstücke, mit denen die Schale – ausreichend Praxis vorausgesetzt – recht leicht entfernt werden kann. Ist dies geschafft, erhitzt man reichlich Öl in der Pfanne, schneidet die Kochbanane in knapp ½ cm dicke Scheiben und brät diese von beiden Seiten goldbraun an. Auch die Benutzung eines Frittiergerätes ist möglich. Mit etwas Salz abgeschmeckt, erinnern die Kochbananen geschmacklich durchaus an Pommes Frites.

Afrikanische Essgewohnheiten

In vielen afrikanischen Ländern gelten bei den Mahlzeiten folgende Regeln: Traditionell wird auf dem Boden sitzend oder kniend gegessen. Die Hauptmahlzeit wird in einem großen Topf oder auf einem

Bananenblatt in die Mitte gestellt. Vor dem Essen müssen sich alle die Hände waschen. Dafür gehen zwei Personen mit Wasserkrug, Schüssel, Seife und Handtuch von Platz zu Platz. Mit der rechten Hand, mit der anschließend gegessen wird, darf nach dem Waschen nichts mehr angefasst werden. Nun kann das Essen beginnen, bei dem in der Regel kaum gesprochen wird. Kinder haben abseits des Tisches der Erwachsenen eine eigene Essrunde, in der aber die gleichen Regeln gelten.

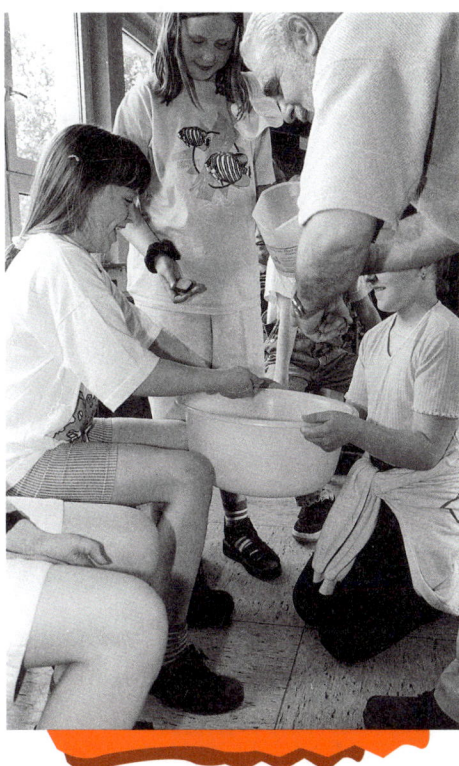

Eine Kochbananenköchin in Aktion! Je mehr Öl man verwendet, desto geringer ist die Gefahr, dass die Bananenscheiben anbrennen (auch Afrikaner kochen gerne mit viel, viel Öl!). Trotzdem: Öfter mal wenden ist unbedingt notwendig.

Vor dem Genuss der goldbraun gebratenen Kochbanane müssen sich alle sorgfältig die Hände waschen. Ein Krug und eine Schale sind dafür die wichtigsten Utensilien. Wer die Hände schon gewaschen hat, darf mit ihnen nichts mehr berühren.

Trommelbau-Aktion

Hintergrund

In Afrika ist es selbstverständlich, Trommeln in reiner Handarbeit herzustellen. Dabei werden in der Regel solche Materialien verwendet, die in der unmittelbaren Umgegend verfügbar sind. Früher waren dies ausschließlich Naturmaterialien, meistens Holz für den Trommelkorpus und Tierfelle als Trommelmembranen. Heutzutage kommen jedoch auch alte Fässer, Rohre oder große Blechdosen als Trommelkörper zum Einsatz.

Planen wir bei uns für die Projektarbeit eine Trommelbauaktion, sollten wir ebenfalls in unserer Umgebung nach möglichen Materialien Ausschau halten: Blumentöpfe, Papprohre, Kanalröhren, große Konservendosen – es gibt eine Menge von Alltags- und Abfallmaterialien, aus denen potenziell eine Trommel gebaut werden könnte. Jetzt ist nur noch entscheidend, dass die selbstgebaute Trommel auch klingt. Hier zwei Bauanleitungen, die sich in der Praxis bewährt haben:

1. Die einfache Variante – Papprohrtrommeln

Die Herstellung von Papprohrtrommeln ist erstaunlich einfach. Die Trommelmembran wird bei diesem Trommeltyp durch eine Vielzahl von Butterbrotpapieren gebildet, die mit Tapetenkleister zusammengeklebt und über den Trommelkorpus gespannt werden. Papprohrtrommeln können komplett von Kindern selbst hergestellt werden, und ihr Klang ist schon recht voll und klar. Die Bauzeit beträgt (ohne Anmalen) ca. eine halbe Stunde.

Benötigte Materialie

- Butterbrotpapier
- Tapetenkleister
- Schmirgelpapier oder Feile
- 1 stabiles Papprohr, auf beiden Seiten offen (alternativ: Plastikrohr, Blumentopf etc.), Ø ca. 15–20 cm; Länge des Rohres: 15–50 cm

Bauanleitung

1. Tapetenkleister anrühren:
Etwas Tapetenkleister nach Anweisung auf der Packung anrühren; schon ¼ Liter reicht für mehrere Trommeln.

2. Trommelkörper vorbereiten:
Den Trommelkörper auf der Seite, auf die das Fell aufgespannt werden soll, leicht an den Außenkanten abrunden. Das ist nötig, damit die Hände beim Spielen nicht schmerzen. Hierzu Schmirgelpapier oder eine Feile verwenden.

3. Papier ausschneiden:
Das Butterbrotpapier in Quadrate oder Rechtecke schneiden, die etwas größer sind als der Durchmesser des Trommelkörpers. Um Klang und Stabilität eines Tierfells nachzuahmen, benötigt man pro Trommel ca. 10 Schichten Papier.

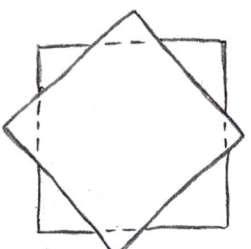

4. Papiere zusammenkleistern:
Für das Zusammenkleistern der Papiere braucht man eine glatte, saubere Unterlage. Man legt das erste Papier glatt auf diese Unterlage und kleistert es dünn von beiden Seiten ein. Das Papier wird dabei leicht wellig, weil es sich vollsaugt und seine Oberfläche vergrößert. Daher muss man es noch einmal vorsichtig anheben und ganz glatt ausstreichen.
Nun nimmt man das zweite Papier und legt es mittig so auf das Erste, dass die Ecken der Quadrate einen mehrzackigen Stern bilden, dessen Zackenanzahl mit jeder nachfolgenden Papierlage zunimmt (siehe Abb.). Wieder bestreicht man das Blatt, dieses Mal nur noch von oben, dünn mit Kleister. Auch das zweite Blatt kann man nochmal vorsichtig hochnehmen und glatt ausstreichen. In gleicher Weise geht man mit den restlichen Papieren vor, so dass am Ende ein vielschichtiges, mit Kleister durchzogenes Trommelfell glatt auf der Unterlage liegt.

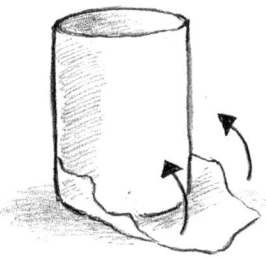

5. Fell auf den Trommelkörper aufkleben:
Auf dieses noch nasse Trommelfell setzt man nun den Trommelkörper mittig auf und klebt das überstehende Fell glatt an den Trommelkörper. Es ist wichtig, das Papier ganz eng und glatt an den Trommelkörper zu kleben, damit eine möglichst gute Fellspannung entsteht. Am Ende die gesamte Trommel vorsichtig von der Unterlage lösen und zum Trocknen wegstellen. Jetzt darf aber auf keinen Fall schon gespielt werden, weil das Trommelfell noch nass und sehr empfindlich ist.

6. Trocknungsphase:
Während der Trocknungsphase hängt das Trommelfell zunächst noch leicht durch. Die Trommel spannt sich aber beim Trocknen von selbst, da das Papier durch das Verdunsten des Wassers zusammenschrumpft und dann schön stramm auf dem Trommelkörper sitzt. Das Trocknen dauert ca. 2 Tage. Die Trommel darf aber noch nicht gespielt werden, bevor sie nicht völlig getrocknet ist. Um sicherzustellen, dass sich das Fell nicht wieder vom Trommelkörper löst (z.B. bei glatten Trommelkörpern aus Plastik oder Ton), kann man es nach dem Trocknen zusätzlich mit Paketklebeband am Trommelkörper festkleben.

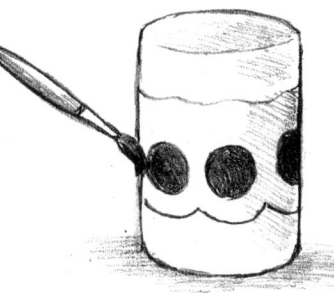

7. Trommelkörper anmalen:
Zum Schluss sollte der Trommelkörper noch schön bemalt werden. Dafür sind besonders Acrylfarben geeignet, da sie wasserfest und stoßunempfindlich sind.

2. Die Profi-Version – Kanalrohrtrommeln

Kanalrohrtrommeln herzustellen ist schon etwas aufwendiger. Dafür entsteht eine Trommel, die sehr haltbar ist und einen wunderbaren Klang aufweist. Auf einen Trommelkorpus aus Kanalrohr wird ein Tierfell (Rind oder Ziege) aufgezogen, das vorher in kaltem Wasser eingeweicht wurde. Die komplette Bauzeit für eine Kanalrohrtrommel beträgt (ohne Anmalen) ca. 4 Stunden. Kinder im Grundschulalter brauchen für diesen Trommeltyp für einige Arbeitsschritte Hilfestellung. Deshalb empfiehlt es sich, diesen Trommeltyp z.B. im Rahmen einer Projektwoche zu bauen, in der ein paar Eltern mithelfen können.

Benötigte Materialien

- Kanalrohr als Trommelkorpus (20 cm Ø)
- Trommelfell (25 cm Ø; Bezugsquelle siehe Kontaktadressen, S. 103)
- 8er-Holzdübel
- Verzierungs-Schnüre
- Holzleim

Benötigte Werkzeuge / Hilfsmittel

- Schmirgelpapier
- (Acryl-) Farbe
- Hammer (am besten Holzhämmer)
- 7-mm Locheisen
- ebene Holzunterlage zum Stanzen
- große Schüssel oder Schale zum Einweichen des Trommelfells
- Bohrmaschine mit 8-mm-Bohrer

Bauanleitung

1. Schmirgeln des Trommelkörpers:
Damit die Farbe gut auf dem Plastikkörper hält, sollte dieser mit Schmirgelpapier gründlich angeraut werden.

2. Löcher anzeichnen und bohren:
2 cm von der Oberkante des Trommelkörpers entfernt werden in gleichmäßigem Abstand mit Bleistift Bohrlöcher angezeichnet (ca. 14–16 Stück). Mit einer Bohrmaschine (8-mm-Bohrer) werden dann die Löcher in den Trommelkorpus gebohrt. Optimal ist es, wenn dafür eine Standbohrmaschine zur Verfügung steht, da diese auch schon von Kindern im Grundschulalter bedient werden kann.

3. Bemalen des Trommelkörpers:
Nach Lust und Laune kann nun der Trommelkörper bemalt werden, wobei Acrylfarbe besonders geeignet ist, da sie gut deckt, stoß- und schwingungsfest ist und zudem eine wasserfeste Oberfläche bildet.

4. Trommelfell einweichen:

Das Trommelfell, das ca. einen 5 cm größeren Durchmesser als der Trommelkörper aufweist, über Nacht ganz in kaltem Wasser einweichen. Das Fell weicht dabei nach und nach durch und vergrößert seine Oberfläche. Dies ist günstig für das spätere Aufspannen, da sich das Fell im Trocknungsprozess wieder zusammenzieht und sich dadurch teilweise selbst spannt.

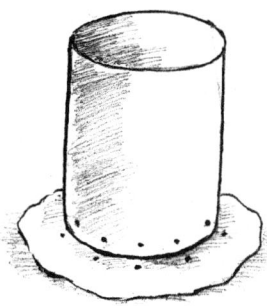

5. Löcher ins Fell stanzen:

Das durchgeweichte Trommelfell aus dem Wasser nehmen und auf einer ebenen Holzarbeitsplatte glatt auslegen. Den Trommelkorpus mittig darauf plazieren. Nun werden entsprechend der Bohrlöcher im Trommelkorpus in der Weise Löcher in das Trommelfell gestanzt, dass jedes Loch ca. 5 mm „zu knapp" (d.h. näher zur Mitte hin) ausgestanzt wird. Auf diese Weise entsteht beim späteren Aufspannen und Fixieren des Fells mit den Dübeln eine gute Fellspannung, die sich durch den Trocknungsprozess des Fells noch erhöht.

Beachte: Je enger die Löcher am Trommelkörper gestanzt werden, desto höher die später entstehende Fellspannung und damit verbunden die Tonhöhe der Trommel. Geht man allerdings zu nah heran, kann es passieren, dass man das Fell nicht mehr aufspannen kann und nachträglich die Stanzlöcher nach außen erweitern muss!

6. Vorbereitungen zum Aufziehen des Fells:

Bevor es ans Aufspannen des Fells geht, werden schon einmal alle Dübel in die gestanzten Löcher des Trommelfells gesteckt. Wurde mit einem 7er-Locheisen gestanzt, lassen sich die Dübel in der Regel leicht hineinstecken.

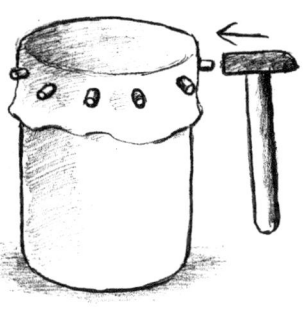

7. Aufziehen des Trommelfells:

Jetzt kann das Trommelfell aufgezogen werden. Dafür steckt man je zwei Dübel in die dafür vorgesehenen Bohrlöcher der Trommel und fährt damit auf der (jeweils) genau gegenüberliegenden Seite fort. Die Dübel kann man zunächst leicht schräg in die Bohrlöcher einführen, beim vollständigen Hineinstecken bringt so jeder Dübel das Fell etwas mehr auf Spannung. Sind alle Dübel gesetzt, werden sie mit der Hand oder mit Hilfe eines Holzhammers soweit versenkt, dass sie nur noch ca. 1 cm hervorstehen.

Tipp

Sitzt ein Dübel zu tief im Trommelkörper, empfiehlt es sich, diesen mit Hilfe eines weiteren Dübels ganz durch das Loch zu schlagen und einen neuen Dübel zu setzen.

8. Verzierungs-Schnüre anbringen:

Bevor man die Trommel zum Trocknen wegstellt, wird um die Dübel herum das Verzierungsband angebracht, das zudem den Sinn hat, ein zu weites Abstehen der Ränder des Fells zu verhindern. Dafür wird jeweils ein Tropfen Holzleim auf die Dübel gegeben und das Band im Zick-Zack (zweimal) um die Dübel geführt und verknotet.

9. Trocknungsphase:

Während der Trocknungsphase darf noch nicht auf der Trommel gespielt werden. Erst wenn das Fell ganz durchgetrocknet ist (je nach Witterung nach 1–2 Tagen), hat das Trommelfell seine optimale Spannung erreicht, die sich nun auch nicht mehr verändert.

Zum Vorlesen und Nachspielen: Afrikanische Märchen

Hintergrundinformation: Geschichten erzählen

Geschichten zu erzählen hat in Afrika einen hohen Stellenwert. Ja, man kann fast sagen, so wie moderne europäische Familien sich vor dem Fernseher versammeln, so versammelt man sich in Afrika am Abend, um Geschichten zu lauschen. Eltern, Großeltern, Onkel und Tanten, alle kennen eine Vielzahl von Geschichten, die sie wiederum von ihren Eltern, Großeltern, Onkeln und Tanten gelernt haben.
Gerade in den Dörfern auf dem Land ist „Geschichten erzählen" und „Geschichten lauschen" eine wichtige Freizeitbeschäftigung, denn es gibt keine Fernseher, keine Computer-(Spiele), keine Schwimmbäder, Discos oder sonstigen Freizeiteinrichtungen. So hat man viel Zeit, sich mit Geschichten zu beschäftigen und den besten Erzählern zu lauschen.

Die Erzählkultur, die sich in Afrika entwickelt hat, kann auf einen sehr reichhaltigen Fundus an Geschichten aufbauen, von denen aber nur die allerwenigsten aufgeschrieben sind. Denn: Geschichten werden in Afrika nicht vorgelesen, sondern aus dem Gedächtnis heraus erzählt. Zudem zeichnet einen guten Geschichtenerzähler aus, dass er auf Einwürfe seiner Zuhörer eingeht, die Charaktere und Geschehnisse der Geschichte mit großer Mimik und Gestik unterstützt und die Geschichten mit Liedern oder instrumentaler Untermalung anreichert. Ein guter Geschichtenerzähler ist so Schauspieler, Entertainer und Musiker in einer Person.

Fast alle afrikanischen Geschichten verfolgen ein pädagogisches Ziel: Sie geben Erklärungen, warum bestimmte Dinge auf der Welt so sind, wie sie sind, bzw. transportieren moralische Vorstellungen der Gesellschaft (z.B. „Gut und Böse", „Gemeinschaftssinn", „Respekt vor den Eltern"), die entfaltet werden sollen.

Aus der unglaublichen Vielfalt afrikanischer Geschichten haben wir für dieses Buch zwei Geschichten ausgewählt, die sehr vergnüglich sind und zudem szenisch oder auch mit Klängen und Musik umgesetzt werden können.

1. Morgen kommt nie
oder
Warum die Affen keine Häuser bauen
(nach einer Geschichte aus den Pare-Bergen in Tansania)

Eine Affenfamilie hatte zu Abend gegessen, und nun waren alle, die Affenmänner [≈≈≈ = Klänge und Bewegung], die Affenfrauen [≈≈≈] und die Affenkinder [≈≈≈], sehr müde.
Als aber die Sonne hinter den Bergen unterging [≈≈≈], zog ein furchtbares Unwetter auf [≈≈≈]. Es wurde plötzlich sehr, sehr dunkel. Es begann zu winden und zu stürmen, und die Affen konnten kaum noch die Hand vor ihren Augen sehen. Nun brach das Unwetter richtig los, es donnerte und blitzte, und heftiger Regen rauschte nieder [≈≈≈].

Als das Unwetter endlich vorbeigezogen war, sagte der älteste und größte aller Affen: „So können wir nicht weiter leben. Wir wollen uns ein Haus bauen. Morgen früh, sobald es hell wird, fangen wir an. Wir Affenmänner [〰] werden Bäume fällen für die Pfosten, die Affenfrauen [〰] sollen Reisig sammeln für das Flechtwerk und die Affenkinder [〰] Gras für das Dach bringen."
Mit diesem Vorsatz schliefen sie ein.

Die ersten, die am nächsten Morgen wach wurden, waren die Affenkinder. Ihnen fiel sofort der Hausbau ein. Sie liefen zum Ältesten hin, rüttelten ihn und riefen: „Mjomba, Aufwachen – Mjomba! Fangen wir nun an, unser Haus zu bauen?"

Der Älteste wurde nur langsam wach. Er rieb sich die Augen und sah, dass die Sonne herrlich am Horizont aufgegangen war [〰]. Die Vögel sangen und flogen lustig durcheinander [〰] und die Bäume hingen voll der schönsten Früchte, die zum Schmause einluden. Daraufhin sagte er: „Wir wollen uns jetzt erst einmal an den guten Früchten satt essen; und was das Haus betrifft, so glaube ich, dass es keinen Regen mehr geben wird."

So unterblieb der Bau. Am Abend aber, nachdem die Sonne untergegangen war [〰], zog wieder ein schreckliches Unwetter heran [〰]. Es wurde so dunkel, dass sich die Affen nur noch durch Zurufen verständigen konnten. Regen, Blitz und Donner zogen auf und ein heftiger Wind wirbelte alles durcheinander. Als das Unwetter endlich abgezogen war, beschloss das Familienoberhaupt: „Morgen wollen wir nun aber bestimmt mit dem Bauen von Häusern anfangen."

Als am nächsten Tag jedoch die Sonne wieder strahlte [〰] und die Vögel lustig sangen und umherflogen [〰], ließ er wiederum seinen Entschluss fallen. So ging es immer weiter. An jedem Tag nahm er sich vor: „Morgen bauen wir uns ein Haus!", aber wenn das Morgen zum Heute wurde, geschah nichts.

Zwar sind die Affen klüger als andere Tiere; aber wenn sie auch wie die Menschen auf zwei Beinen gehen können, so ist ihr Verstand doch noch kleiner. So kommt es, dass die Affen bis heute keine Häuser haben. Und so lebt auch unsere Affenfamilie [alle Affen 〰] bei jedem Wetter draußen in ihrem Wald.

Umsetzung in Klänge und Bewegungen
Die Umsetzung dieser Klang- und Bewegungsgeschichte macht Kindern enorm viel Spaß. Die Grundidee dabei ist, alle Tiere und Naturerscheinungen, die in der Geschichte vorkommen (Affenmänner, Affenkinder, ein Unwetter, die Sonne etc.), von Kindern mit Instrumenten und Bewegung umsetzen zu lassen. In Kleingruppenarbeit erhalten die Kinder die Aufgabe, sich passende Instrumentenklänge und Bewegungen auszudenken. Beim späteren Vorlesen der Geschichte setzen die Kinder ihre Bewegungs- und Klangideen – jeweils bei ihrem Stichwort – um. Die Leitung übernimmt das Vorlesen der Geschichte und hält jeweils bei dem entsprechenden Stichwort so lange inne, bis die Klänge und Bewegungen [〰] „verflogen" sind und die Kinder wieder auf ihren Plätzen sitzen. Es empfiehlt sich, dafür einen großen Stuhl- oder Sitzkreis zu bilden, mit Platz für die Darstellung in der Mitte.

Gruppeneinteilung und Vorschläge für Instrumente und Bewegungen

Charakter / Stichwort	Kinder	Instrumente	Bewegungen
Affenmänner	3–5	Trommeln	Affengang, Trommeln auf die Brust, …
Affenfrauen	2–5	Daumenklavier, Metallophon	weicher Affengang, gegenseitiges Lausen
Affenkinder	2–5	Rasseln, Fußschellen	verspielt, herumtollend
Sonne (auf-/untergehend)	2–3	Triangel, Klangschale	auf- und untergehend
Unwetter	3–5	Oceandrum, Rainmaker, Donnerklang, Stimme	umherwehend, evtl. als Wirbelsturm
Vögel	2–5	Pfeifen, Flöten	Flügelschlag

Eine Sonderrolle kommt dem ältesten und größten aller Affen zu (also einem der Affenmänner): Er bekommt eine Kopie der Geschichte und verliest jeweils die direkte Rede des Affenältesten.

Bewegungen und Klänge der Geschichte können immer weiter verbessert werden. Als Motivation dafür kann es interessant sein, eine Ton- oder Videoaufnahme zu machen und gemeinsam mit den Kindern zu überlegen, welche Veränderungen noch sinnvoll sind.

2. Huhn und Perlhuhn
(vermutlich Mwanza-Region, Tansania, aus der Erinnerung von Benjamin Mgonzwa)

Vor langer langer Zeit lebten Huhn und Perlhuhn draußen im Wald. Zusammen mit vielen anderen Tieren lebten sie abseits von den Siedlungen der Menschen und vermieden es, den Menschen zu begegnen. Eines Tages aber wurde es furchtbar kalt im Wald und alle Tiere begannen zu frieren. Daraufhin sagte das Perlhuhn zum Huhn: „Huhn, geh zu den Siedlungen der Menschen. Dort wirst du Feuer finden. Bitte die Menschen, dir ein Stück Feuer zu geben und komm wieder hier her, damit wir uns alle daran wärmen."
Das Huhn ging, wie ihm befohlen wurde. Bei den Menschen angekommen sagte es: „Guten Tag, ich bin ein Huhn und ich lebe zusammen mit anderen Tieren draußen im Wald. Wir frieren dort draußen. Bitte gebt uns ein Stück von eurem Feuer!"
Die Menschen gaben dem Huhn aber kein Feuer. Stattdessen fütterten sie es mit Reis und Wasser und hießen es herzlich in ihren Häusern willkommen. Dem Huhn gefiel der warme Empfang und das Essen und Trinken der Menschen. Es ließ sich verwöhnen und vergaß darüber seinen Auftrag, für die anderen Tiere Feuer zu holen.

Draußen im Wald warteten die Tiere vergebens auf das Huhn. Nach einigen Tagen befahl das Perlhuhn dem Hahn: „Geh und guck nach deiner Frau – und vergiss nicht, uns von den Menschen das Feuer mitzubringen!"

Der Hahn tat, wie ihm befohlen. Auch er wurde herzlich von den Menschen begrüßt, durfte in ihre Häuser eintreten und bekam zu Essen und zu Trinken. Im Innenhof entdeckte er seine Frau und fragte sie: „Was machst du hier? Wo ist das Feuer, auf das wir alle warten?"

Das Huhn antwortete: „Ich gehe nicht zurück in den Wald. Seit ich hier bin, behandeln die Menschen mich wie eine Königin. Komm und iss mit mir den Rest von dieser köstlichen Speise."

Der Hahn begann zu essen, und je mehr er aß, desto besser schmeckte es ihm. Auch er vergaß seinen Auftrag und blieb bei den Menschen. Huhn und Hahn ging es wirklich prächtig, und sie gewöhnten es sich an, nach jedem Schluck Wasser in den Himmel zu schauen, um Gott dafür zu danken, dass er ihnen einen so wunderbaren Platz zum Leben gezeigt hat.

Eines Tages aber bekamen die Menschen Besuch, und es war kein Fleisch mehr im Haus. Sie sagten zueinander: „Reis ist noch genug da, aber wir wollen unseren Gästen doch etwas Richtiges anbieten. Lasst uns das Huhn schlachten und es zusammen mit dem Reis zubereiten!"

Das Huhn bekam große Angst. Es lief umher und rief: „Lasst mich laufen, lasst mich laufen!"

Aber alles Rufen half nicht.

Das Perlhuhn, das sich Sorge um Huhn und Hahn machte, kam gerade in dem Moment am Rande des Waldes an, als die Menschen dem Huhn nachstellten. Es war entrüstet und rief nach dem Hahn. Doch auch dieser antwortete: „Die Vergangenheit ist verloren, komm besser nicht zu nahe!"

Das Perlhuhn verstand, was der Hahn ihm sagen wollte: Man kehrt nie zurück, wenn man sich den Menschen zu sehr nähert. Das Perlhuhn verzichtete auf das Feuer und kehrte mit dem festen Entschluss in den Wald zurück, den Menschen für immer aus dem Weg zu gehen. Der Hahn jedoch lebte weiter bei den Menschen. Er vermisst seine Frau und die Weite des Waldes. Seit jenem Tag steht er jeden Morgen ganz früh auf und ruft seinen Kummer heraus: „Kikerikiii – kikerikiii!"

Umsetzungstipps

Versuchen Sie ruhig einmal, diese Geschichte auf *afrikanische Art* zu erzählen, d.h.

  a) in freier Erzählweise:
  Lesen Sie sich die Geschichte aufmerksam durch. Erzählen Sie die Geschichte dann frei und mit Ihren eigenen Worten. Es ist nicht schlimm, mal zu stocken oder einzelne Details der Geschichte zu vergessen, wichtig ist aber ein freier und direkter Erzählstil.

  b) mit viel Gestik, Mimik und Körpersprache:
  Setzen Sie Gestik, Mimik und Ihren ganzen Körper beim Erzählen ein, wo immer es ihnen möglich erscheint. Auch ihre Stimme sollte lebendig und vielgestaltig eingesetzt werden, gerade bei der direkten Rede.

  c) im Dialog mit den Zuhörern:
  Schauen Sie ihre Zuhörer immer wieder direkt an, und lassen Sie Raum für mögliche Zwischenfragen. Auch ist es denkbar, während der gesamten Geschichte im Raum hin und her zu gehen und mal vor einzelnen Zuhörern stehenzubleiben bzw. diese in die Geschichte mit einzubeziehen.

Möglicherweise werden Sie sich zunächst beim Erzählen auf afrikanische Art etwas komisch vorkommen, aber beobachten Sie, wie die Kinder auf einen solchen Erzählstil reagieren. Eine so erzählte Geschichte wird sich mit Sicherheit tiefer und nachdrücklicher bei den Kindern einprägen, als wenn sie einfach nur vorgelesen wird. Probieren Sie es mal aus!

Rhythmuskarten – Kopiervorlagen
Spielideen mit diesen Karten finden Sie im Kapitel „Tierkarten-Rhythmen" (S. 67).

Rhythmuskarten – Kopiervorlagen, Zeichnung von Irmtraud Guhe aus **Jambo Afrika** © Fidula

Lö - we

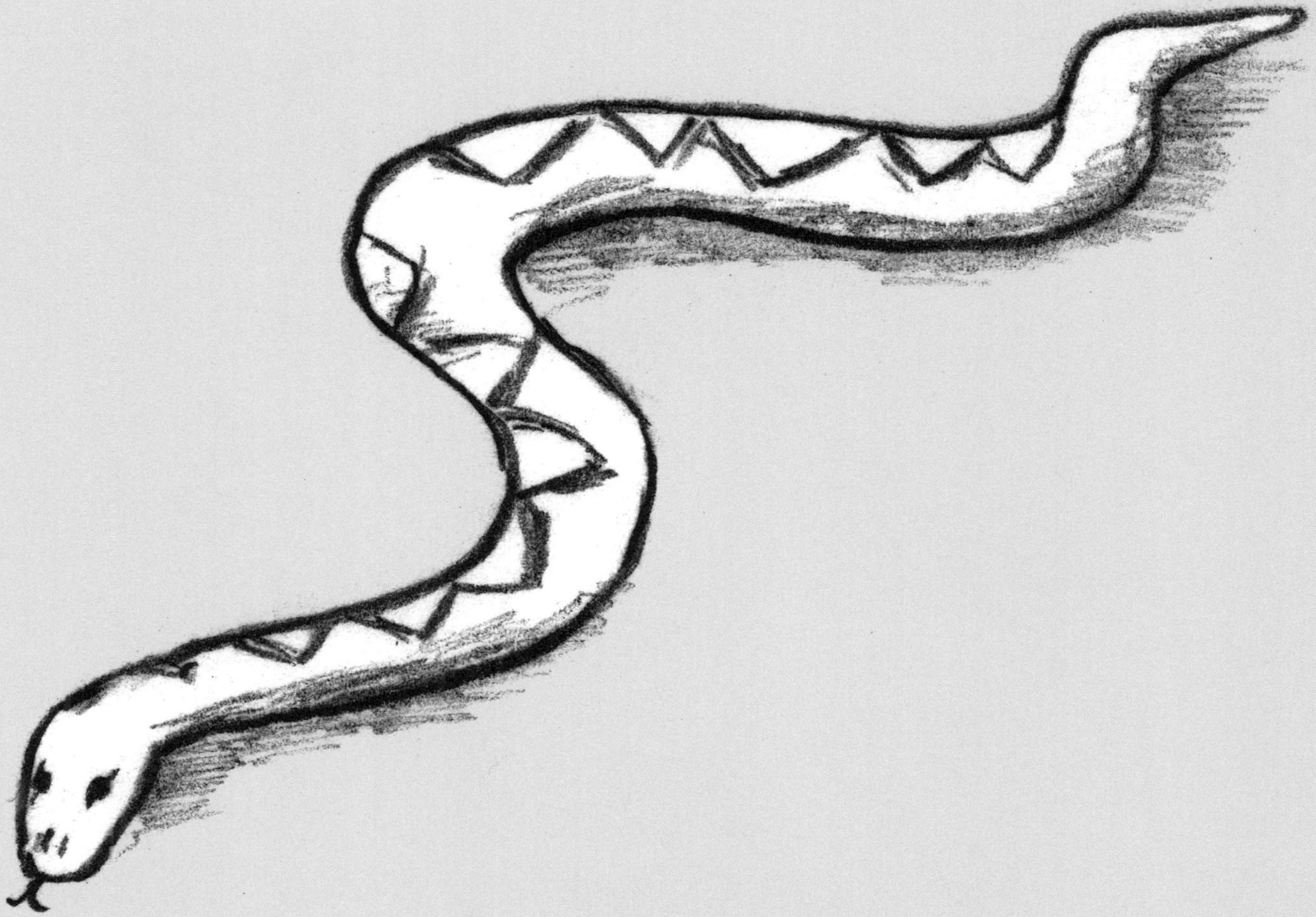

Kro-ko-dil

Rhythmuskarten – Kopiervorlagen, Zeichnung von Irmtraud Guhe aus **Jambo Afrika** © Fidula

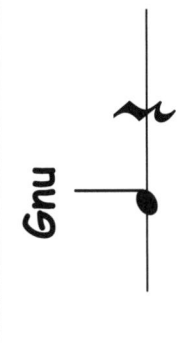

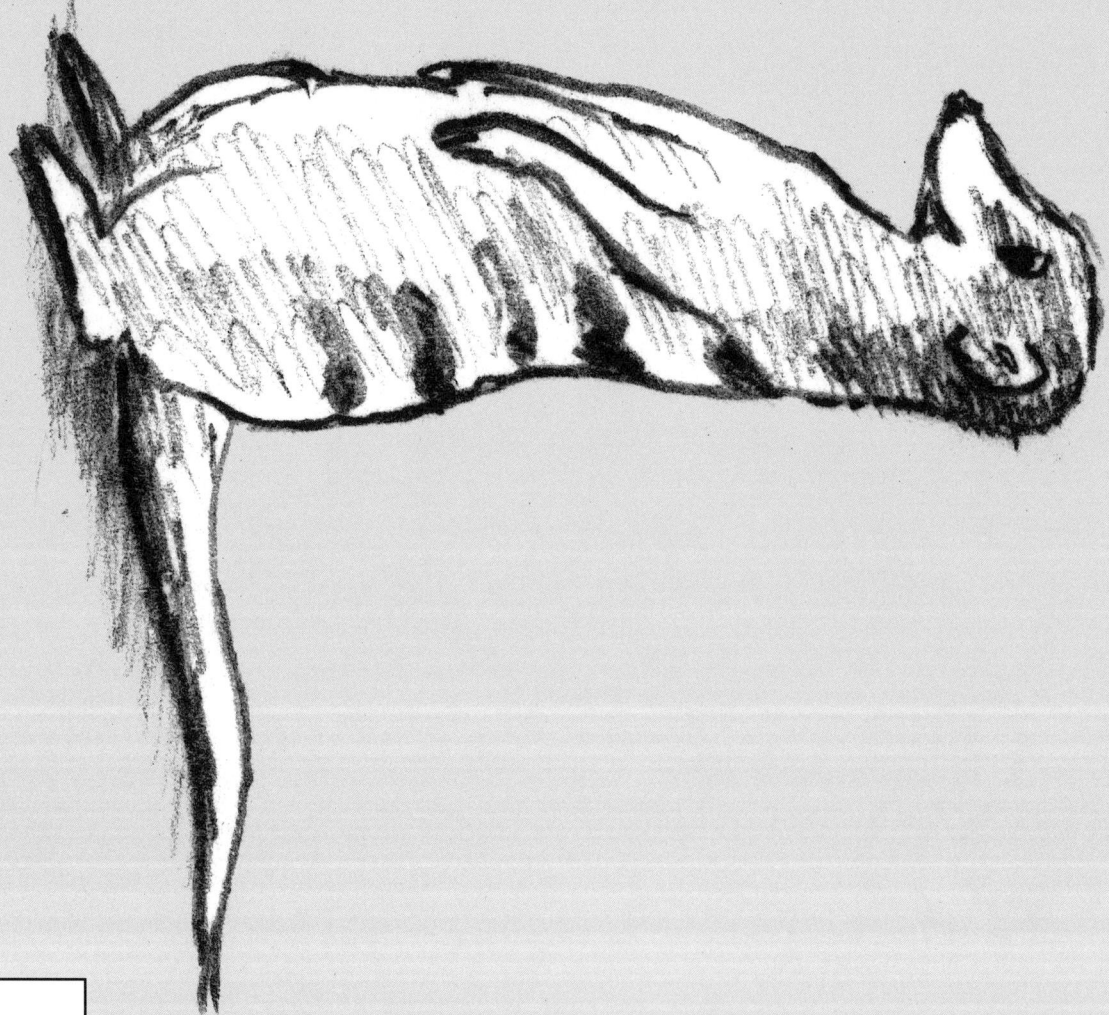

Rhythmuskarten – Kopiervorlagen, Zeichnung von Irmtraud Guhe aus *Jambo Afrika* © Fidula

Erd-männ-chen

Zur Herkunft der Lieder und Tänze

Alle in diesem Buch zusammengestellten Lieder und Tänze sind afrikanisches Volksgut, das heißt, sie sind über viele Stationen mündlich tradiert worden, Autoren oder Komponisten können aber nicht mehr im Ursprung nachvollzogen werden. Trotzdem ist es spannend sich vorzustellen, dass jede Weitergabe eines Liedes mit bestimmten Menschen, mit lebendigen Begegnungen und gemeinsamem Musikmachen verbunden ist. Auf diesen Wegen verbreitet sich nur solche Musik, die einen guten Platz in den Herzen ihrer Träger gefunden hat.

An dieser Stelle danken wir allen Menschen, von denen wir die Lieder und Tänze kennen und lieben gelernt haben. Die Wege, auf denen die Lieder zu uns gelangen, sind vielfältig, ebenfalls mit Begegnungen und Erinnerungen verbunden und sollen hier exemplarisch kurz nachgezeichnet werden:

Aus den reichen Kindheitserinnerungen von Benjamin Mgonzwa stammen die Lieder „Alisema", „Simama kaa", „Jambo jambo", „Sisi ni watoto" und „Selenge". Mit anderen sind Christoph Studer und Benjamin Mgonzwa bei ihrer Ausbildung am tansanischen College of Arts in Bagamoyo in Berührung gekommen („Ukala-Tanz", „Nalukila mayo", „Mawindi-Tanz", „Bawalagila"). Die Lieder „Chili gogogo" und „Piki now" sowie „Kuna mapera" und „Sindimba-Tanz" stammen von Seminaren, die der sambische Musiker Brian Zanji und die tansanische Erzieherin Bitia Kambo in Deutschland gegeben haben. „Mpaho" hat Christoph Studer bei seinem Aufenthalt in der Bukoba-Region Tansanias von der Haya-Musikerin Meraby Kaimukilwa kennen gelernt. Die Lieder „Salibonani", „Ayelevi", „Masithi amen", „Mede me do kese", „Palipo" und „Sponono" wurden bereits in Deutschland veröffentlicht bzw. kursieren zumindest in notierter Form.
Zum Teil haben wir die Lieder um eigene Komopositionen erweitert, neu arrangiert oder mit deutschen Texten versehen, was an den entsprechenden Stellen im Buch vermerkt wurde.

Kontaktadressen

Christoph Studer*
Klanggestaltung aus Holz und Stein
Rhythmik, Musik & mehr
Brüggemannweg 18, 48147 Münster
Tel./Fax: 0251 – 36505
E-Mail: info@studer-klang.de
www.studer-klang.de

*Bezug von Trommelfellen und anderen Materialien zum Trommelbau unter dieser Adresse ebenfalls möglich

Benjamin Mgonzwa
lebt und arbeitet wechselweise
in Tansania und in Deutschland.
E-Mail: mlalahasi@yahoo.co.uk

Wenn Sie Interesse haben, uns für Projekttage, Workshops, Fortbildungen oder Instrumentenbau-Aktionen einzuladen, können Sie gerne Kontakt mit uns aufnehmen. Wir sind beide gerne und häufig in diesem Bereich aktiv.
Auch sind wir an Ihren Erfahrungen im Umgang mit Buch und CD interessiert und für Anregungen und Rückmeldungen dankbar.

Register

Abkürzungen	6
Abschied	51
Abzählspiel	27f.
afrikan. Musikverständnis	7f., 33
alt & jung	13f.
Antilope	49f.
Aufwärmen	26, 54ff.
Aussprache	5f.
Balaphon	79
Bananen	86f.
Bassschlag	6, 62
Begleitrhythmen	5, 17, 20, 25, 33, 47, 52
Begleitstimmen	37, 49
Begrüßungslied	10, 26
Bewegungsgeschichte	92f.
Bewegungskanon	21
Bougarabou	76
Call-response-Prinzip	34 (s. auch „Wechselgesang")
Caxixi	77f.
Claves	17, 20, 33, 47 (s. auch „Klanghölzer")
Daumenklaviere	75
Deutsche Texte und Lieder	12, 25, 26, 27, 31, 44, 46, 49, 51, 55, 57, 85
Djembé	75f.
Doppelbass	6, 62
Doppelpatscher	6
Dundun	76f.
Einstimmen	54ff.
Erzählkultur	15, 92, 95
Essen & Trinken	35, 43f., 86f.
Flöten	80
Freude	20f., 29, 31, 45
Friedensgruß	37f.
frittierte Kochbananen	86f.
Früchte	43ff.
Fußschellen	80
Ghana	16, 37
Glocken	80
Großvater	14f.
Guiro	7, 25, 33
Holzschlaginstrumente	81
Instrumentenbau	83ff., 87ff.
Instrumentenkunde	75ff.
Jagen	18
Jambo Afrika	5
Kalimba	75
Kayamba	77
Kinder	13f., 27f., 53
Kirchenlied	24f., 37f.
Klanggeschichte	92f.
Klanghölzer	6, 81, 83f. (s. auch „Claves")
Klatschen	6, 30, 32, 56
Kochen	86f.
Kora	78
Körperperkussion	6, 11, 25, 48, 55f.
Kpanlogo	76
Kreistänze	14, 16f., 31f., 45, 46f., 50
Künstler	41
Manyanga	78
Märchen	92ff.
Marimba	10, 79
Mbira	75
Milch	35
Mutter	33
Ngoma	7f., 26, 29, 75
offener Schlag	6, 63
Open	6, 63
Patscher	6, 55
Pentatonik	51f., 79
Polyrhythmik	34
Projektarbeit	83ff.